JN000768

おとなに
なった
今だからこそ！

現代用語の基礎知識・編

おとなの楽習

28

論語 の おさらい

自由国民社

装画・ささめやゆき

　これから「おさらい」する『論語』に書かれた孔子の言葉は、およそ2500年もの間生き続けて人々を教え導いています。

「学びて時に之を習う。亦説ばしからずや」と孔子は、本書の初めで言っています。本文の解釈については、後に説明しますが、「人と交わって大切なことを教えてもらい、それを無意識のうちにきちんとできるまで何度も自分で繰り返しやってみる。そしてそれが自然とできた時の嬉しさはかけがえのないものがある」と、いうのです。

　学ぶことの本質をここまで言った孔子は、本当に、学ぶことが好きな人でした。
「故きを温ねて新しきを知る(「温故知新」という慣用句にもなっています)」とか「信じて古を好む」など、『論語』には多くの学びへの篤い思いを語った孔子の言葉が載せられています。

　しかし、孔子は、何を目的に、学ぶことに心を砕いたのでしょう。それは「仁」ということの大切さを人に伝えるためでした。
　「仁」とは、自分が親を、あるいは自分の子どもを大切に思うように、その思いを他人にも及ぼしていくということでした。どうすれば人は、つねに人のことを考えて、寄り添って生きていくことができるのか——と、孔子は考え続けたのでした。

そして、孔子は、古代から伝わる書物の中から人が決して忘れてはならない教えをまとめ「経書」という形にして後世に遺そうとしたのです。現在「五経」として伝わるものがそれだと言われています（ただし、孔子が纏めたものが、そのまま伝っているわけではありません）。

さて、本書では、孔子が伝えようとした教えの核心の部分を、学んでいただこうと思います。

中学校、高校でも国語の時間、あるいは倫理などで、少しだけ孔子や『論語』の言葉について習ったという人も少なくないでしょう。

ただもう一度、孔子が生きた時代のこと、孔子が生きていた時代の漢字の意味などを知りながら、孔子が考えていたことを「おさらい」することができればと思うのです。

きっと『論語』という本が、古くさい難しいものではなく、今の世の中にも活用できる、とても大切な教えを説いた新鮮な書物と映るのではないでしょうか。

楽しく、明るく、元気に、『論語』のおさらいを始めましょう！

菫雨白水堂下　　　山口謠司拝

目次

◆第2章◆　どのように生きればよいか…69

◆ 序章 ◆

いま論語を学び直す意義〜「不亦楽乎」

　今からおよそ2500年前に生きた人の言葉が今にも残っているというのは、奇跡に近いことではないでしょうか。

　『論語』の中に書かれる孔子の言葉です。

　しかも、そのほとんどが、「子曰く」として引かれていることから、孔子自身が話した言葉そのままがここには記されていると古来言われていますが、これらは弟子たちが、先生の言葉を聞いた時に、忘れないようにと、着物の袖や竹簡などに書き残したものなのです。

　いくつか、よく知られる孔子の言葉を紹介しましょう。

子曰、温故知新、可以為師矣（為政篇第二）

書き下し文　子曰く、故きを温めて新しきを知れば、以て師為るべし

現代語訳　先生がおっしゃった。古い聖人たちの教えをじっくり時間を掛けて考え、そしてそこから実際に今、必要な教えを自ら導き出せるようになれば、人々に教えることができる師というものにもなれるだろう)

子曰、三人行、必有我師（述而篇第七）

書き下し文　子曰く、三人行けば、必ず我が師有り

現代語訳　先生がおっしゃった。三人の人と何事かに対して事を行えば、その中には必ず、自分に教えてくれる人があるものだ。

子曰、君子和而不同。小人同而不和（子路篇第十三）

書き下し文　子曰く、君子は和して同ぜず。小人は同じて和せず。

現代語訳　先生がおっしゃった。君子は、道理が分かれば人と協調して物事に当たり、外面だけ繕って人とうまくやっている振りをしたりはしない。しかし、小人はこれと反対で、人とうまくやっている振りばかりをして、実際には協調して物事を解決したりはできない。

　我々が、今もなお中学、高校の国語で習うこうした孔子の言葉は、同時に倫理や道徳として、人が人として立派に生きていくための指針ともなっています。

　でも、どうして、孔子の言葉が、このような形で残ったのでしょうか。孔子のほかにもきっと同じようなことを言うような人はいたに違いなのに、です。

　いろいろ理由は考えられますが、まず、孔子には弟子が多かったということが、ひとつ挙げられるでしょう。

弟子たちが、孔子亡き後も孔子を慕い、孔子の言葉を中国全土に伝えて行ったのです。

『史記』などによれば、なんと、孔子には三千人もの弟子がいたといいます。「三千人」とは、中国らしい誇張した表現でしょうが、それでも孔子が言う言葉に心を動かした人が多かったというのは、確かなことでしょう。

　なかには、弟子と認められなくとも、みずから「私は孔子の弟子」と称した人もあったに違いありません。

　なかでも、孔子に直接使えた優秀な弟子たちが十人いたとされます。「孔門の十哲」と呼ばれる人たちです。

　またこの十哲の弟子も入れると「七十二弟子」と言われる弟子がいたとも言われます。このような弟子たちが、孔子を顕彰していったのです。そして、『論語』という書物が編纂されました。

　『論語』という書物が纏められたのは、およそ漢代初期から中期、紀元前50年頃から紀元前100年頃のことでなかったかと考えられています。

◆◆ 孔子の出自 ◆◆

　さて、孔子は、今から2500年前に生きた人と書きましたが、正確に言えば、孔子は紀元前551年に生まれ（紀元前552年という説もあります）、紀元前479年に、72歳で亡くなりました。

　多くの弟子に囲まれ、72年に及ぶ幸せな生活を送って亡く

なったのでしょうか。

そんなことはありません。

孔子の人生は、生まれた時から、苦労の連続でした。

母は、顔徴在（がんちょうざい）という人です。当時の慣習として、彼女は、先祖の廟（びょう）を守るべく生まれた末の女の子で、本来結婚をしてはならない女性でした。そこへ、孔家の三男である孔梁紇（こうりょうこつ）という男が現れたのです。

梁紇にはすでに子どもがありました。孔子にしてみれば、腹違いの兄です。はたして孔子が生まれた時、すでに梁紇は、顔徴在のもとから去っていました。孔子は、父親を知らずに育ったのです。

苦労は、生まれた時から、孔子の背中に背負わされていたのかもしれません。後ろだてがない人が、政治の表舞台に上ることなどあり得ない時代だったのです。

ところで、孔子は、子どもの頃、母の側で、廟で使われる祭器（さいき）を並べて遊んだと語っています。そして、生涯を通じて心のなかで温め続ける「仁（じん）」という言葉を、母から教えられたのです。父親がいなかったこと、そして先祖の御霊を大切に守るというところに、孔子の思想の原点があると言っても過言ではないでしょう。そしてそれが「仁」という言葉で表されたのでした。

孔子は、『論語』のなかで、何度も「仁」を説いています。これは、孔子が樹立した「儒（じゅ）」の根本義となる言葉です。孔子は、人が生きるためにはもちろん、政治にも「仁」というもの

が必要だと説いています。「仁」があれば、この社会は「ゆた
かさ」に満ちたものになるというのです。

「ゆたかさ」とは、漢字で表せば、「豊」であり「優」であり「寛」
であり、また「浩」「温」「泰」であることでもありましょう。

この「仁」という言葉の発見が、孔子を聖人への道へと羽ば
たかせることになるのです。

◆◆ 仁とは何か ◆◆ ···

それでは、「仁」とは、具体的には、どんなことを表すのでしょ
うか。

「仁」という漢字は、よく見れば、「人」と「二」という漢字
で作られていることが分かります。これは、何を意味するので
しょうか。

これは「親」と「子」を表します。「父」と「母」と「子」
なら、三人になるじゃないかと言われる方もあるかもしれませ
んが、古代の思想では「対になるもの」を一つと考えることが
ふつうでした。

たとえば、箸は、棒が二本ですが、「一膳（ぜん）」と数えます。鳥
も雌と雄を合わせて「一番（つがい）」と数えます。「仁」の場合も同じ
で「両親」が一つ、そして子どもが一つという数え方なのです。

さて、親と子が、「ゆたかさ」を表す「仁」であるという
のはどういうことでしょうか。これもまた、孔子が生きていた時
代に思いを馳（は）せる必要があります。

高齢化が進む現代からはまったく考えられないことですが、なんと、当時の人の平均寿命は、30歳だったのです。

「一世代」という場合の「世」は、篆書では「卋」と書かれます。

これは「三十」を意味します。すなわち、当時、「世代」は、30年で交替するものだったのです。

30歳で人が亡くなっていたこの時代、人はだいたい14、5歳くらいで結婚していました。とすれば15、6歳で、子どもが生まれるのでしょうが、当時はまだ医療が発達した時代ではありません、親が大切に子どもを育てなければ、子どもは容易に死んでしまいます。

親が子どもを大切に思う愛情こそが、ひとつの「仁」なのです。

しかし、子どもが成人して14、5歳になった時、育ててくれた親は30歳くらいになって、死を目前にした老人になってしまっているのです。

大切に愛情を込めて育ててくれた親を、成人となった子どもは、どう思うでしょうか。

育ててくれて本当にありがたいと思う感謝に溢れ、こんどは、子どもが、老いた親を大切に思う気持ちになるのではないでしょうか。

これがもうひとつの「仁」なのです。後の時代になると、この「仁」は「孝」という言葉でも表されるようになってきますが、「孝」は「仁」から発生してきたものなのです。

こうした図式的な考えは、もちろん「理想」でしょう。しかし、「理想」は、何度も繰り返し言っているうちに、心に染み

序章

てくるものです。

はたして、子を育てる親がもつ愛情としての「仁」と、育ててもらったことに対する感謝の「仁」、これが、人が、動物とは違う、人として生存するための基本ではないかと孔子は言うのです。

そして、もし、この二つの「仁」を、他人にも及ぼしていくことができれば、世界は「仁」という「ゆたかさ」に満ちた世界になるに違いないと、孔子は考えたのでした。

◆◆ **孔子が生きた時代** ◆◆‥‥‥‥‥‥‥‥‥‥‥‥‥‥‥

ところで、孔子が生きていた時代というのは、はたしてどのような政治的背景があった時代だったのでしょうか。

孔子が生きたのは、周王朝という王朝によって統治されていた時代です。紀元前1050年頃（紀元前1100年頃という説もあり）、殷の紂王を討って創建された周王朝は、孔子の考えによれば、まさに「仁」という考えに基づいて作られたものでした。そして、その政治の仕組みは、「封建」と呼ばれる政治体制で支えられていました。

少し、この周王朝における「封建」ということについて説明しておきましょう。

殷を滅ぼし、周王朝を創建した後、武王はまもなく亡くなり、武王の子、成王が後を継ぐことになります。しかし、成王はまだ幼かったため、武王の弟（成王からすれば伯父に当たる）で

ある<ruby>旦<rt>たん</rt></ruby>という人物（<ruby>周公旦<rt>しゅうこうたん</rt></ruby>）が摂政となって政治を行いました。

　周公旦は、ひじょうに能力のあった人だと言われますが、この時、旦は、周王朝支配の全土を「国」という単位で分割し、それぞれの「国」を統治させるのに、「封建」という方法を取ることにしたのです。

　これは、それぞれの「国」に、周の王室と血縁関係のある人に土地を与えて治めさせるという方法です。

　こうすれば、互いの「国」は、親戚に当たりますから互いに助け合うことになるでしょう。また周の王室に対しては、土地を分け与えてくれた「親」という意識をもつことができるだろうと考えたのです。

　こうした血縁関係による全国統治は、「仁」を政治的に利用したものといえるでしょう。

　さて、孔子が生まれたのは、「<ruby>魯<rt>ろ</rt></ruby>」という国でした。はたして、魯は、武王が周公旦に分け与えた国だったのです。

　しかし、先に述べたように旦は、摂政となったために、周の首都・<ruby>鎬京<rt>こうけい</rt></ruby>を離れることができませんでした。そこで、長男の<ruby>伯禽<rt>はくきん</rt></ruby>を魯に送って周の文化の<ruby>粋<rt>すい</rt></ruby>をここに移植させたのです。

　孔子は、子どもの頃から、母と二人の生活で、この周の文化の素晴らしさを学んだのだのです。そして、個々の親子の関係にある「仁」が、じっさいに政治の上にも<ruby>敷延<rt>ふえん</rt></ruby>することができるのを確信したのでした。

◆◆ 理想と現実 ◆◆ ···············

　孔子が生まれ育った尼山（にさん）という場所は、今も残っています。孔子の産湯（うぶゆ）が取られたという小さな洞もあってそこには今なお、泉が湧いています。

　ただ、山東省曲阜（きょくふ）の孔子廟（びょう）がある場所から、バスで2時間以上も揺られて険しい山道を行かなければなりません。母がいた祖廟は、町から離れたところにあったのです。ここで胸いっぱいに抱いた理想の「仁」をひっさげて、青年になった孔子は、魯（ろ）の街に下りて行きました。

　しかし、孔子の理想は、現実には受け入れてもらえることはありません。

　すでに触れましたが、孔子は、当時、政治に携わることができるような家に生まれた人ではなかったのです。

　「貴族」という言い方は、この時代にはまだありませんが、後世「貴族」と呼ばれることになるような、周の王家との関係が少なからずあるような家に生まれた人でなければ、政治の要職に就くことはできなかったのです。

　しかし、孔子は、理想を篤（あつ）く語ります。

子曰、可与言、而不与之言、失人。不可与言、而与

之言、失言。知者不失人。亦不失言。(衛霊公（えいれいこう）篇第十五)

書き下し文　子日く、与に言うべくして、之を言わざれば、人を失う。

与に言うべからずして、之を言えば、言を失う。知者は人を失わず。言を失わず。

現代語訳　先生がおっしゃった。ともに語るべき人に出会っていながら、ともに語ることがなかったとすれば、大切な人との関係を失ってしまうことになる。語ってもまったく何にもならない人と話すと、失言の過ちを犯すことになる。本当の知者とは、語るべき人、語るべき言葉を知っているから、人を失うこともなければ、失言の過ちを犯すこともない。

　孔子のこうした言葉は、孔子の自らの経験の中から出て来た言葉であったに違いありません。諦めることのない、孔子の不屈の精神は、少しずつ人を感化して行くことになります。

　そして、いつしか、「三千」の弟子が、孔子の側には集まっていたのです。

　孔子は、出自はともかく、政治の中枢にいる人々も、無視することができないほどの影響力をもった人となっていたのです。折しも、孔子が生きた時代は、周王朝の体制が、大きな変化の波にさらされようとしている時でした。封建の制度の崩壊が目前に迫っていたのです。

　当時、血縁は、自分自身から五親等までとされていました。周王朝創建の時には濃い血縁であった各国も、子々孫々の代を経るとすでに五親等を超える頃に差し掛かっていたのです。

　孔子は、もう一度、各国が周の王室を「親」とする、「仁」

に満ちた「封建」が再現できないかと考えます。しかし、現実には不可能でした。「戦国」という弱肉強食の時代が訪れることは必至だったのです。孔子は、十分にそうしたことを察知していたに違いありません。

　しかし、それでも、孔子は、「仁」という理想を語ることで、人が決して忘れてはならない教えを広めようとしたのです。

◆◆ 今にも生きる孔子の思想 ◆◆ ……………………………

　ところで、2024年度から、一万円札の肖像となることが決まった渋沢栄一という人をご存知でしょうか。

　渋沢は、明治時代を大きく駆け抜けた偉人でした。現・みずほ銀行の前身であった第一勧業銀行、また王子製紙、秩父セメント、東京海上火災、日本郵船など挙げれば五百程にも及ぶ会社を起業し、日本で初めての老人福祉施設、日本赤十字社などの公益団体、さらには東京経済大学や、東京女子大学などの創立にも関わっています。

　こんなことをした人と聞くと、ふつうは、渋沢という人は、お金持ちになろうとした人なのではないかと思うかもしれません。

　しかし、渋沢は、そんなことを目的に、会社を五百も立ち上げたわけではありませんでした。ひたすら、日本を近代化するため、そして、ひたすら人のためになる会社を作って人々の生活を豊かにしようと、こうした事業を興していったのです。

　渋沢は、亡くなる時、私有財産はほとんどなかったと言います。しかし、渋沢の周りには、渋沢の作った会社によって助け

られ、人を助けることで喜びを感じることができる人たちであ
ふれていました。

　自ら『論語と算盤』や『論語講義』という本も書いています。
渋沢は、『論語』があれば、自分の経営哲学はそれだけで完璧
だと豪語する人物でした。現在、東京都立中央図書館には、渋
沢が生涯を掛けて集めた『論語』のコレクションが収められて
います。

　渋沢こそ、『論語』の中に流れる孔子の精神をくみ取りながら、
人々の精神的実務的な豊かさを具現化しようとした人物だった
のです。

　ところで「仁」は、必ず天皇の名前に付けられる漢字です。
明治天皇は「睦仁」、大正天皇は、「嘉仁」、昭和天皇は「裕仁」、
平成天皇は「明仁」、当今は「徳仁」というお名前が付けられ
ています。古く遡れば、「仁徳天皇」という天皇もありました。

　これは、天皇が、孔子の語った「仁」という精神を忘れない
ための縦糸（経）を象徴するものなのです。

　我が国に、中国の本が始めて伝えられたのは、『日本書紀』
によれば応神天皇の時であったと言われます。
この時、伝えられたが『論語』でした。

　以来、我が国には、伝説の時代からずっと今に至るまで『論
語』が息づいているのです。

孔子が誕生した時

　偉人には、往々にしてその誕生について不思議な伝説が作られるものですが、孔子にも同じくそういうエピソードがあります。

　ひとつは、孔子が生まれた夜、天から二頭の蒼龍（青い竜）が母親の部屋に降りて来て、母親は夢の中で孔子を産んだ、というものです。

　もうひとつは、孔子が生まれる前に、麒麟が現れ、神仙の書と言われる『玉書』を口から吐き出しました。

　そこには「水精の子が、衰えた周王朝を継いで、王位に即かず、王者の徳を備えた人になるだろう」（水精の子、衰周を継いで素王たらん）」と書いてあったといいます。

　「水精」とは、古代中国で信じられていた「五行」の思想に基づき、「火」の徳を持った周王朝を「水」の徳を持った孔子が継ぐのだということを意味します。

　ただ、この話は、東晋の王嘉（生年不詳〜390頃）の『王子年拾遺記』に似たものが見られるので、その頃になってから作られたものではないかと考えられています。

◆ 第1章 ◆
学ぶとは
どういうことか

学びて時にこれを習う。
亦説ばしからずや。

子曰く、学びて時にこれを習う。亦説ばしからずや。朋有り。遠方より来たる。亦楽しからずや。人知らずして慍みず。亦君子ならずや。

子曰、学時習之、不亦説乎。

有朋自遠方来、不亦楽乎。

人不知而不慍、不亦君子乎。

（学而篇）

人と交わって技術や方法を身体で習得する。すると何とも言えない悦びが心の中に満ちてくる。対等に話せる友達が、わざわざ遠くから来てくれる。小躍りするほどに嬉しい。人が自分を認めてくれなくても、グジグジ悩んだりしない。これがオトナというものだ。

「学」という漢字は、古い字体では「學」と書きました。上の「××」は、古い字の「交」を表します。またその左右にあるのは、左右の手です。「冖」は屋根のある建物です。また「子」は「人」を表します。

これは、たくさんの人が、学校のように屋根のある建物で、さまざまな技術を駆使しながら、交わって技術を身に付けるということを意味しています。

また、「習」は、「羽」と「白」でできています。「羽」は、飛ぶために鳥が羽を羽ばたかせることです。

それでは「白」は何を意味するのでしょうか？

「白」は、古代の中国では「透明」の意味をもっていました。「習」の「白」は、「意識をしないで自然にできること」を表します。

「習」とは、すなわち、鳥が羽を羽ばたかせて、無意識に、自由自在に飛ぶことができるようになることを意味します。

さまざまな技術を身に付け、自在にそれを使って、本を読んだり、人とディスカッションをしたりすることができるようになったら、どうでしょう。

「亦説（またよろこ）ばしからずや」、「本当にうれしいなぁ」ということになるのではないでしょうか。

ところで、「説」をどうして「よろこぶ」と読むのでしょうか。

これは、孔子が生きていた時代は、「言〈ごんべん〉」のない「兌」で書かれていたと考えられます。これは、中心にある「口」が「心」を表し、そこから四方にじんわりと悦びの気持ちが湧き出てくることを書いたものなのです。

さて、我々は、「ともだち」を表すのに、ふつう「友」と書きます。でも、「朋友」と書くことができるのもご存知だろうと思います。

　「朋」と「友」は、じつは、同じ「ともだち」でも意味が異なります。

　「友」は「左手」と「右手」を書いたもので、互いが助けあうことを意味する「ともだち」をいいます。

　これに対して「朋」は、「肉」をふたつ並べたもので、対等に言い合うことができる関係を表します。

　つまり、対等な関係として、堂々とお互いが認め合う関係であるともだちがいる！　ということを深い気持ちで言ったのが「朋有り」というひとつの文章なのです。

　そして、そういう無二のともだちが、わざわざ遠いところからやって来てくれるというのです。

　そうすると「楽しい」と感じるのです。

　「説」の「よろこび」とは異なり、「楽」は、小躍りしたくなるような「よろこび」を表します。現代語なら「わくわくする」というのがもっとも適当な「よろこび」ということになるでしょう。

　ところで、人が最も精神的にダメージを受ける仕打ちはどのようなことでしょうか。

　それは、「無視される」ことです。蔑ろにされると、どんな

人でも、心が萎えてしまいます。

これを言ったのが「人知らずして」という句です。

「他人が、自分のことを認めてくれない」「他人が、自分を無視してしまう」というのです。

しかし、そんなことを「慍」んだりしない。それこそが「君子」だと孔子は言うのです。

「慍」とは、どういう意味でしょうか?

これは「忄〈りっしんべん〉」が書いてありますので、「心」の作用です。

どういう作用かは、右側を見れば分かります。

上の部分は「人」が囗の中に書いてありますが、古い字では「人」の代わりに「入」と書いてありました。「囗」の中にものを入れた状態を意味します。

これを「皿」の上に置くのですが、これは温かいお湯を入れた皿を意味しています。

そして、その上にべつの容器に入ったものを浮かべておくのです。

温かい状態に保つために湯煎をしていることを思い浮かべるのがもっとも適当でしょう。

「慍」とは、つまり、心の中に、ずっと冷えない状態で、鬱々とした感情を抱いていることを言ったものなのです。

無視されたり、人から正当に評価されないからといってずっと鬱々としていては、先に進むこともできません。そんなことで嫌な思いをするよりも、どんどん自分を磨くことが大切で

しょう。

　君子と呼ばれる人は、人からの評価などに一喜一憂すること
なく、どんどん先に進んで行く人だと言うのです。

　それでは、「君子」とはどういう人なのでしょう。

『論語』の中で、孔子は「君子」という人を最高の人格を持つ
人のように言っています。

　君子の「君」は、「右手」と「一本の棒」、「口」が組み合わ
されて作られています。

　これは、天と地を繋ぐことを意味する長い一本の棒を、右手
で持って、その天と地の教えを口で、人々に伝える人を描いた
ものなのです。

　天地の間に自分が存在していることを強く、深く理解して、
その両方の存在が、人々に伝えようとしていることを、口に出
して人間の言葉にして伝えるというのは、容易にふつうの人に
できることではないでしょう。

　天地、そして多くの人々の声に耳を傾け、「今、何が必要な
のか」を瞬時に理解できる人こそ「君子」と呼ばれる人なので
す。

　そんな人であるなら、「人が自分を認めない」「無視する」な
どと言って、鬱々とした気持ちになるなどということもありえ
ないでしょうし、そんな暇もないのではないでしょうか。

ここがポイント

　『論語』は、冒頭に「学問」が、一人ではできないことを伝えます。そして、いずれ学問を通して、自分がどんなときでも素直な気持ちで、さまざまな人、物、天や地などの声を聞けるようになること、つまり、他者の気持ちになってものを考えることの大切さを教えているのです。

之を知るを之を知るとなし、
知らざるを知らざるとなす。
是れ、知るなり。

子曰く、由よ、女に之を知ることを誨えんか。之を知るを之を知るとなし、知らざるを知らざるとなす。是れ、知るなり。

子曰、由、誨女知之乎。知之為知之、不知為不知。是知也。

（為政篇）

子路よ、おまえに「知る」ということを教えよう。ひと言でズバリ言えることが「知る」ということなのだ。しかしそれは物と物を比較し、区別して言うようなことではない。本当に「知る」というのは、すべてが有機的に繋がっているということを知ることなのだよ。

なんだか言葉遊びのようですが、深い真理をついた名言です。

まず「知」という漢字の説明からはじめましょう。

「知」は、「矢」と「口」が組み合わされて作られています。これは、弓矢の矢が的の真ん中に的中するように、口で、言葉にして、的確なことを言えることを言います。

しどろもどろではいけません。

言い足りなくてもいけません。

そして、言い過ぎてもいけません。

言うべきことを、言うべき時に、適当な言葉で、人に伝えることです。

そのように伝えるためには、当然、自分の中に「知識」がしっかり備わっていなければいけないでしょう。

ついでですから「知識」の「識」についても語源を書いておきましょう。

「識」の「訁〈ごんべん〉」の右側は、部族や国などを表す「旗」を表します。

旗で区別されるように、それぞれのものの違いを、はっきり言葉で「識別」することができること、それが「識」なのです。

そうであるとすれば、「知識」とは、物と物、人と人、善と悪、などの違いをしっかり区別して、人に説明することができることという意味になるでしょう。

「知る」ということには、しかし、いくつかの方法があります。

我々は、ふだん、ものの性質を知るのに、比べて異なるところを「識別」して、違うところを探し出し、物の特徴を知ろう

とするような傾向にあります。

　じつは、これは、西洋の近代科学が産み出した「知」の方法であることを知っているといいのではないかと思います。

　東洋では、古く、違うところを探して「識別」するより、似ているところを探して「類別」するのがふつうでした。

　「識別」と「類別」の違いはどこにあるのでしょう。

　それは、「識別」が物と物との関係を断絶させることによって、それぞれのものの特異性を求めるのに対して、「類別」は物と物の関係を繋いでいくことによって、柔らかい紐帯（ちゅうたい）を求めるものなのです。

　「柔らかい紐帯」という言葉は、ちょっと抽象的かもしれませんが、「断絶しない適度な関係性」と言っていいかもしれません。

　孔子がここでいう「知」も、もちろん「類別」して、似たところを集めて繋げていくものです。

　それは、『論語』に見える「知」についての孔子のもうひとつの言葉を見ると明らかです。

　「蓋（けだ）し『知』あらずしてこれを作る者あらん。我は是れ無きなり。多く聞きて其の善（よ）き者を択（えら）びてこれに従い、多く見てこれを識（しる）す。『知』の次なり。」

　孔子は言います。

「思うに、この広い世界の中には、「知」というものがなくても、

34

なにかを創造したりすることができる人もいるだろう。でも、私はそういう人間ではない。たくさんのことを聞いて、その中から優れたものを選び、それを繋いで行く。たくさんのものを見て、こその分かりやすいところを覚えて行く。完全な「知」に次ぐくらいの人間ですよ」

　孔子にとって「知」とは、世界、あるいは宇宙、人間、そういったものが、有機的に全体として繋がっていることを感知することができる力を表していたのではないかと思うのです。

ここがポイント

　標題で出した言葉は、弟子の子路
に対して、孔子が教えたものです。
　歴史や人々などすべてのものが繋
がっているということを知ることこ
そ、これが本当に「知る」というこ
とであり、どこかで関係が断絶する
ような「知」であれば、それは本当
の「知」というところにはまだたど
り着いていないということなのだ
よ、と孔子は子路に言っているので
す。

学びて思わざれば則ち罔
し。思いて学ばざれば則ち
殆し。

子曰く、学びて思わざれば
則ち罔し。思いて学ばざれ
ば則ち殆し。

子曰、学而不思則罔。
思而不学則殆。（為政篇）

訳

　人と交わって技術や方法を身に付けたとしても、そ
こに意識を繋ぐという思いがなければこんがらがって
しまってわけが分からなくなってしまいます。反対に、
どれだけ物や人に意識を繋ごうとしても、その技術や
方法を身に付けるように人と交わらなければ、役には
立たないものになってしまうのです。

「学」という字が古くは「學」と書かれ、人と人が交わることで自分にないものを習得していくことだと書きました。

　しかし、交わって習得するだけでは不十分だと孔子は言うのです。

　学び、そして「思うこと」。
それでは「思」という漢字は、どういうことを意味しているのでしょうか。

　「思」に見える「田」という漢字は、もともとは頭蓋骨を描いたものだと言われています。それに「心」がついているので、頭と心で考えることを表しているというのです。

　もちろん、先哲（昔のすぐれた思想家や学者）が行ったそういう解釈が間違っているというつもりはありませんが、じつはもう一歩進めて考えることができるのではないかと思っているのです。

　「思」という漢字は、「相思」という熟語でも使われます。

　これは、男女が互いに相手のことを思うという意味ですが、愛している人と離れていると、人は細かく、深く、相手のことを考えるものです。

　この文章の場合も、学んだこと、あるいは教えてくれた人のことなどを細かく深く考えて、精通するように意識を繋ぐということを表しているのです。

　そうしないと「罔」になると言うのです。

　「罔」は、「糸〈いとへん〉」をつけると「網」になります。『論語』の訓読では「くらし」と読んで「昏」の意味で解釈するよ

うにと言われてきました。

　でも「罔」を「網」と解釈すると、分かりやすくなります。

　いくら学んでも、細かく、深く、自分で考えてみなければ、網に引っ掛かってしまって、かえってわけがわからなくなってしまうというのでしょう。

　でも、反対に、細かく、深く考えるばかりで、学ぶことがなかったとしたら？

　今度は「殆」いことになると孔子は言います。

　「殆」は、左側に「死」を表す「歹」があり、右側には「用いる」ことを表す「台」があります。すなわち、この漢字は「用いることができない」「無用」を意味するものなのです。

ここがポイント

　考えていることがいくら素晴らしいことであったとしても、実際に人と交わって行動に移さなければ、実現することはありません。

　孔子は、人が孤立しないこと、人が繋がって世の中をよくしようと一丸になって考えることを教えようとしたのです。

朝に道を聞かば、
夕べに死すとも可なり。

子曰く、朝に道を聞かば、夕べに死すとも可なり。

子曰、朝聞道、夕死可矣。

(里仁篇)

訳

　もし今、この宇宙の根元と一体になることができたとしたら、命をそこに任せてしまうことだって怖いとは思わないだろうね。

この文章に書かれている「道」とは何でしょうか？

我が国には、「書道」「弓道」「剣道」「華道」「茶道」など、芸事を「道」と呼ぶいい方がありますが、これら、芸道が目指すところが、すなわち、孔子がいう「道」なのです。

もちろん、我が国の芸道は、禅の影響を受けて昇華したものですが、その核には、孔子の思想があったのです。

そのことについて説明しましょう。

「道」とは、人が歩くところのものです。その道の先には、目的の地があるに違いありません。

もし、その目的地に行くための道を歩いていて、外れた道に足を踏み込んでしまったらどうなるでしょう。

目的地にたどり着くことができなくなってしまいます。

あるいは、もし、目的とする所がないまま、道を歩いたらどうでしょう。

どれだけ歩いても、その人は、目的地に到達することはできなくなってしまいます。

ただ、しかし、地図上の目的地と違って、人は、生きていく道の上で、どこにたどり着けばいいかあらかじめ特定することはできません。

たとえば、大臣になること？　お金持になること？

もちろん、そうしたことを目的にがんばる人もあるでしょう。

ですが、大臣になって政治を行うことや経済的豊かさをもつことは、ひとつの手段であって、本当の人生の目的とはならないのではないでしょうか。

それでは、人生の目的地とはなんなのか——

それは、孔子にとってみれば、学問という道を突きつめて行くことで見えてくる「天道」と言われるものではなかったかと考えられます。

「天」とは、今の言葉で言えば「絶対知」と言われるものです。科学的な法則も全部含めて万能の知識として存在するものです。もっと分かりやすく言えば、この世の中を成り立たせている根元的存在です。

それは、眼で見て、耳で聞くことができるものではありませんが、だからこそ、自分が正しい心で、天道に到達することを目指して歩いて行くことを続けなければ、到底、そこにたどり着くことも不可能だと考えたのではないかと思うのです。

芸の道でも、それは同じでしょう。

中島敦に「名人伝」という短編小説があります。

これは、孔子より百年程後にいた列禦寇という思想家が残した『列子』をもとに作られた作品だと言われています。

「名人伝」に書かれる名人は、弓の修行を通して、天道を体得することをテーマに書かれています。

主人公の紀昌は、天下第一の弓の達人になろうと、決死の努力をするのですが、最後に「至射は射ることなし」という「天道」と一体になった境地に達します。そして、なんと、鳥さえも紀昌の家の屋根の上を飛ぶことがなくなり、紀昌自身「弓」が何かさえ忘れてしまったというのです。

孔子の思想は、列子の思想とはまったく異なると言われるかもしれませんが、70歳になって「心の欲する所に従って矩を踰えず」という境地に到った孔子は、紀昌と同じように、「道」を体得したのではないかと思われます。

　「学ぶこと」、それ自体が「道」です。

　日々の歩みに他なりません。

　そして、それは、自分の「心」が、天、つまり世の中の動きを司っている根元のものと一体化し、何らの不安もなく、すべてを任せきってしまえる境地に到ることなのです。

　そうであれば、夕べに自分の命がなくなったとしても、なんら恐怖も後悔もないのではないでしょうか。

君子重からざれば則ち威あらず、学べば則ち固ならず。

子曰く、君子重からざれば則ち威あらず、学べば則ち固ならず。

子曰、君子不重則不威、学則不固。

（学而篇）

訳

さまざまな人たちの考え方が分かるようでなければ、それを、本当には人に伝えることができないだろう。はたして、人と交わって技術や方法を身に付けていくようにすると、死体のように硬直した考え方をしないようになりますよ。

ふつう、この文章は、「人の上に立って、人を治める地位にある者は、重厚でなければ威厳《いげん》がなくて侮《あなど》られる。また人の上に立つ者は、頑固になりがちだから、学問によって道理に通じるようにしなければならない」と解釈されています。

　さて、「重」という漢字は、「物の重量が重い」という意味で使う場合と、「重なっている」という意味でも使われます。

　「重厚」という熟語は、たとえばパイ生地のように、何層にも重なってそれが厚くなり、重さをもつものになったということを意味するものです。

　人の上に立つ人はそのような人物でなければならないというのですが、それは人として、喜び、哀しみ、苦しんで様々な経験をすることによって得られるものでしょう。そして、そうした経験を通じてこそ、人の立場に立って物を考えることができるようになるのではないでしょうか。

　それでは「威」とは何でしょうか。

　これは、人を圧倒させるオーラのようなものです。たとえば世阿弥《ぜあみ》は、『風姿花伝』《ふうしかでん》のなかで「花」という言葉を使ってそれを表しています。

　「物数を尽くし、工夫を極めて後、花の失せぬ所をば知るべし」

　これは、あらゆる演目をこなし、工夫を極めてこそ、永遠に変わらない芸の美しさを知ることができるという言葉なのですが、「威」とはまさに、さまざまな立場の人のさまざまな考え方を理解しながら、深く物事を考え、伝えることができる力をもつことをいうのです。

ところで、「学」は、人と交わることで技術や考え方を知ることをいうと、すでに説明しました。

　はたして、そういった「学」をしていれば、人は「固」にならないと、孔子は言います。

　「固」とは、もともと「死」を表したものです。

　「古」という字が「□」の中に入っていますが、「古」は「死体」、「□」は「棺」を表しています。

　死体は、死後、硬直して動かすことができなくなることから、「固い」という意味に使われるようになりました。

　はたして、そうであれば、人と交わって学ぶことがないと、人は自分の考えだけに凝り固まって柔軟性を失ってしまうと、孔子は言っているのです。

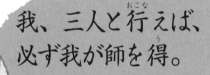

我、三人と行えば、必ず我が師を得。

子曰く、我、三人と行えば、必ず我が師を得。其の善き者を択びてこれに従う。其の善からざる者にしてこれを改む。

子曰、我三人行、必得我師焉。択其善者而従之。其不善者而改之。

（述而篇）

たくさんの人と交わっていると、その中に、自分を導いてくれる人にきっと出会える。その中に正しい導きをしてくれる人がいたら、その人に従おう。そして、もし善くないことをしている人の行動を見たら、自分ももしかしたら同じようなことをしているのではないかと思って改めるようにしよう。

48

「三人寄れば文殊の知恵」という言葉があります。三人いたら、知恵を司る文殊菩薩と同じくらいの知恵が湧いて、何事でも成し遂げられるという意味です。

さて、孔子は、「三人」と言いますが、これは具体的な数字として三人の人を言っているのではありません。「たくさんの人」あるいは「いろんな人」という意味です。

いろんな人たちと交わって、いろんな事をしてみると、必ず自分が知らなかったことを教えてくれる人がいるというのです。

ここでもやはり、孔子は「学」は、人と交わることが大切だということを言っているのです。

人と交わっていろいろなことをやっていれば、その中には、素晴らしい考え方をする人もいますし、素晴らしい技術をもった人もいます。

もちろん、こういうふうにして失敗するのか……と人の良くない点を見ることもあるでしょう。

こうして、孔子は、学問を身に付けて行くのです。

「師」は、手本となる人、学問の先生を意味しますが、本来は「集団」「大勢の人々」を意味しました。先生を意味するようになるのは、「大勢の人々を率いて行くことができる人」という意味で、この漢字が使われるようになるからです。

そうであるとすれば、孔子が言う「我が師」というのは、多くの人の心をひとつにして引っ張っていくような人を意味しているのかも知れません。

ところで、「善」とは、何を言うものなのでしょうか。

この漢字は、古く「羊」の下に「言」をふたつ書いたものでした。

これは、丸丸と太った羊を神に捧げるためにいう言葉を発するものです。

神とは、この当時、祖先の霊を言うものでした。

祖先の霊に対して、悪い言葉を言うひとはいないでしょう。その時々にふさわしい言葉をきちんと言えること、これこそが「善」だったのです。

孔子には三千人の弟子がいたと言われます。

これも実数としての三千人をいうのではなく、たくさんの弟子たちを意味するのでしょうが、孔子はこうした弟子たちを教え導かなければなりませんでした。また、孔子は、政治家として国を動かして行きたいという意思ももっていたのです。

より多くの人と交わり、自分に足りないところを改め、より多くの人に何が本当に正しいことなのかを教えて行こうとする。

その時に必要なのは、祖先があるからこそ自分が今存在するのだという無心に感謝する気持ちと、祖先の霊に対して言うにふさわしい適切な言葉の使い方だったに違いありません。

それさえ分かっていればいい！　そう思って、孔子という人は、理想に向かってどこまでも、楽観的に突き進んだ人物だったのです。

之を如何せん、之を如何せんと曰わざる者は、吾之を如何ともすることなきのみ。

子曰く、之を如何せん、之を如何せんと曰わざる者は、吾之を如何ともすることなきのみ。

子曰、不曰如之何如之何者、吾末如之何也已矣。（衛霊公）

訳

どうすればいいのだろう、どうすればいいのだろうと悩んでいる人でなければ、私はどうすることもできないよ。

悩むことが人を成長させるとは、古今東西を問わず言われてきたことです。

　悩んで悩んで悩み抜き、どうやって問題を解決すればいいのかと考えて行く。

　問題を解決し、悩みの壁を乗り越えることができれば、その人は自分に自信をもち、さらに一歩先に進むことができるでしょう。

　孔子は、「悩め！苦しめ！」と弟子たちに言います。

　そして、解決策を独りで悩んで絞り出せ、と。

　しかし、解決策を見出せない人もいるでしょう。

　そんな時には、私に言ってごらんと、孔子は言うのです。

　「ヒントを上げよう。もし、それでもダメなら、助けてあげることができるかもしれない」

　いざとなった場合に手助けをすることができる人がいるということを知っていれば、人は、思いっきり悩むことができるかもしれません。

　ですが、そういう孔子も、子どもの頃から亡くなるまで、ずっと悩み続け、どうすればいいのかと、自問自答しない日はありませんでした。

　だからこそ、人にも「悩め！」と言うのです。

ここがポイント

　『論語』が二千年以上も読み継がれて来た理由には、あらゆる問題に真正面から向き合い、格闘した孔子という人間の息遣いが感じられるからに違いありません。

　そして、『論語』には必ず、打開策を見つけるためのヒントが隠されているのです。

故きを温ねて新しきを知る。
以って師と為すべし。

子曰く、故きを温ねて新しきを
知る。以って師と為すべし。

子曰、温故而知新。可以為
師矣。

（為政篇）

訳

孔子が言った。過去のことをよく勉強して次の時代を読むことができる。このような人を師匠としよう。

儒教では、教えの根本が書かれた書物を「経書」と呼びます。

「経」とは、もともと機織りのための用語で、布を織るための縦に引っ張った糸を言う言葉です。この縦糸に対して、横糸を絡ませながら、布は作られその布の模様は、色とりどりの横糸によって織り出されるのです。

古来、中国では、この模様を「文」つまり「文化」だと考えていました。

そして、過去の文化が作られたのも、自分たちの文化が作られるのも、決して切られることがない縦糸である「経」があったからだと信じていたのです。

経書に書かれたものは、ただ言葉で飾られた美辞麗句ではありません。

学問とは、したがって、書かれた言葉を解釈していくことだけではなく、過去の文化がこうした「経」に基づいてどのように織りなされてきたかを思い巡らすことでもあるのです。なぜなら、それが分かれば、自分たちがいま、どのような文化を創り出す必要があるのかということも明らかになるからです。

『論語』のなかで孔子は「15歳で学に志し、30歳にして立つ」と言っています。

約15年間、彼は古典と向かいあったのでしょう。

そして「40歳にして惑わない」という思いに到達したのでした。必要なのは、過去を単にダメだと否定してしまうことではなく、どこにその本質があるのかを読みとる強靱な精神なのではないでしょうか。

祭るには在すが如くす。
神を祭るには神在すが
如くす。

祭るには在すが如くす。神を祭
るには神在すが如くす。子曰く、
吾祭に与らざれば、祭らざるが
如し、と。

祭如在。祭神如神在。子曰、
吾不与祭、如不祭。（八佾篇）

訳

　孔子は、先祖さまを祭る時には、あたかも先祖たち
がそこにいるかのように恭敬の誠を尽くし、山川の神
を祭る時には、目の前に神様がいるように感じて敬虔
であった。孔子が言う。「自分で祭りに参列して誠意
を尽くしていないと、祭ったような気がしない」と。

　我が国ではお葬式の時には黒い服を着ますが、中国では真っ白い衣裳を身につけます。

　「白」というのは、中国では「透明」と同義です。

　例えば、茅台酒などアルコール度の高い蒸留酒、日本で言えば焼酎のような透明なお酒を「白酒」と呼ぶことなどはそのひとつの例でしょう。

　ところで、人は死んだら透明の見えない存在だけになってしまいます……中国ではこれを「霊」とは呼ばずに「魂魄」と呼びます。

　古代の中国人にとって、仏教での輪廻転生やキリスト教で考えるような天国というのはありませんでした。魂魄は我が国の神道の神様のようなものになっていつも子孫のことを見守っている存在となります。

　我が国でも山や川は神様が住んでいるところという考え方をしますが、これは古代中国でも同じでした。

　ただ、古代の中国ではこうした神を祭ることは普通の人には許されていませんでした。天子から封ぜられた諸侯がこれを祭ります。そして諸侯は天や地の神様を祭ることは許されませんでした。

　これは天子が行い、これを封禅と呼びます。「禅」とは天から天子という地位を譲られたことを感謝し、地上で天を実現することを誓うことだったのです。

　人は、自然のなかに充満する木、火、土、金、水の五つの気によって物質的には作られていると、古代の中国人は考えてい

ました。

　それでは心は、どこから来たものなのでしょう。

　喜怒哀楽を感じる「心」は、天が人に与えた感覚で、天の意志を受ける器なのです。

　だから、学ぶことによってその器を大きくすれば、天の意志を多く、深く、受け止めることができるようになると彼らは考えたのです。

ここがポイント

　人は、死ねばそれはまた気に還り
ます。

　しかし、心は、天の意志と一緒に、
常に子孫を見ています。

　見えないと思うものも、心の目で
視ればきっと見えるようになるもの
なのです。

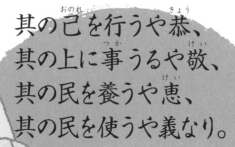

其の己を行うや恭、
其の上に事うるや敬、
其の民を養うや恵、
其の民を使うや義なり。

子、子産を謂う、君子の道四あ
り。其の己を行うや恭、其の上
に事うるや敬、其の民を養うや
恵、其の民を使うや義なり。

子謂子産。有君子之道四焉。
其行己也恭、其事上也敬、
其養民也恵、其使民也義。

（公冶長篇）

　孔子が鄭の大夫であった子産の批評をした。彼には
君子たる四つの道が備わっている。その身を持する態
度は恭しく、君につかえては敬いの心をもち、人々の
生活を保障するのに恵み深く、人々を使役するのに正
しい道理にかなった使い方をする。

子産は、周王朝の諸侯のひとつ鄭の公族の一人で宰相になったひとです。

孔子は、実際に、子産に会ったことはありませんが、ひじょうに彼を尊敬し私淑していたと言われます。

紀元前522年、子産が亡くなったと聞いた時は、涙を流して「今の世に無い仁愛をもった人であった」とその死を嘆いています。この時、孔子は30歳でした。

子産は、死ぬに当たって後継者に任命した子大叔に「寛容な態度で治めるのは徳をもった人間だけが可能です。次善は厳しい態度で治めるやり方です。あなたは次善の方法で治めるのが良いでしょう。例えば火は恐ろしいですが、その恐ろしさゆえに人が近づいてこないので、かえって人の死は少ないのです。しかし水は柔らかなので人は慣れ親しんで近寄り、洪水により大勢の人が死にます。これと同じように寛容な態度で治めるのは難しいのです。」と遺言したと伝えられています。

また、子産は、初めて成文法を作った人として知られています。ただ、すでに宗族制度（祖先祭祀などを共にする集団を基本単位とする社会制度）の中枢にあるべき周王室は衰退して、既に制度自体が機能しなくなっていました。子産が行う政治の方法に、孔子は強い興味を抱いていたに違いありません。孔子の悩みは、子産の悩みと同じところにあったのです。

具体的に言えば、どうやって国を建て直すかが問題だったのです。そして、そのためにも、人をどうやって動かして行くべきかを学びたいと孔子は考えていたのです。

文質彬彬として、然る後に君子なり。

子曰く。質、文に勝れば則ち野。文、質に勝れば則ち史。文質彬彬として、然る後に君子なり。

子曰。質、勝文則野。文、勝質則史。文質彬彬、然後君子。

(雍也篇)

孔子が言う。人の生まれつきの性質が、教養に勝ってしまえば野蛮である。反対に教養が生まれつきの性質に勝ってしまえば物知りだが誠実さに欠けたものとなるであろう。教養と生まれつきの性質が相半ばしているのが本当の君子なのである。

62

　孔子は学問をすることが大好きでした。『論語』にはそのことが何度も記されています。「学びて時にこれを習う。亦説ばしからずや」とか、「顔回ほど学を好む者を聞いたことがない」などという言葉によってもそれは十分に知ることができるでしょう。

　しかし、彼の言う学問は、部屋に籠って文学や哲学や昔の記録を読んで物知りになることではありませんでした。

　さて、「史」というのは、もともと文書を司る役人のことで、歴史的記録や外交文書、祭りの時の祭文を書くなど、故事や典礼に詳しい人のことを言いました。

　もちろん、こうした学問をすることも必要でしょう。しかし、言うまでもなく、こうした学問は、自分をひけらかしたりするためにあるものではなく、より正しく生きるためにあるのですし、よりよい社会を創るためにこそあるのだと孔子は考えます。

　「質」とは「実質」などという熟語からもわかるように、「内容」とか「なかにつまっているもの」を意味します。「質」の上部に見える「斤」は、物の重さを量るための分銅で、これが二つあることで「重さが等しいこと」を示しています。それに「貝」という「お金」を表す漢字がついて、その財貨と匹敵する、名目に相当する中身がつまっていることを表す言葉として使われるようになりました。

ここがポイント

　生まれつきの性質を、学問をする
ことでねじ曲げてでも立派な人にな
れと孔子は言っているわけではあり
ません。
　孔子にとって学問とは、人のもっ
ている性質を、うまく引き出すため
に行うことだったのです。

述べて作らず。
信じて古(いにしえ)を好む。

子曰(しいわ)く、述べて作らず。信じて
古(いにしえ)を好む。窃(ひそ)かに我を老彭(ろうほう)に
比す。

子曰、述而不作。信而好古。
窃比於我老彭。

(述而篇)

訳

　私は昔から伝わっていることを述べ伝えるだけで、
新しいものを作りはしない。先達の道を信じそれをよ
いと思っているだけである。私はひそかに自分を「老
彭」になぞらえてそのようになろうとしているのだ。

古来、経典というのは聖人にしか作れないものとされてきました。

　孔子は聖人とされるが、これは後世の人が彼を聖人としたまでで彼自身はもちろん自分を聖人などとは思っていません。

　孔子がやったのは、創作ではなく、祖述（そじゅつ）と呼ばれるものです。孔子は、ずっと昔から伝わって来た書物や記録を読んでそれを纏（まと）めながら、弟子たちにそれを伝えたのです。

　弟子たちのなかには歴史が強いものもいれば、文学に強いもの、制度や思想に強いものなどがいました。それぞれ得意な分野の弟子たちにこれを教えるのです。

　弟子たちの中には、これをまた後世に伝えていこうとするものがいます。彼らは賢人と呼ばれるようになりました。

　このようにして「経」に対して「伝」というのが創られていきます。

　「経」とは聖人にしか読み解くことはできないものです。それは、ひじょうに抽象的なことしか書かれていないからにほかなりません。しかし「伝」もまた作られてから時代が立つと読めなくなってしまいます。

　漢代になると「伝」に「注」がつけられますが、これも読めなくなると今度は「疏（そ）」が作られるというようにどんどん注釈が作られていくのです。

　我々が、今、「経」を読むためには「疏」「注」「伝」と三つの段階を経なければならなりません。

　儒教の経典は十三あります。『易経』、『書経』、『詩経』、『儀礼（ぎらい）』、

『周礼』、『礼記』、『春秋左氏伝』、『春秋穀梁伝』、『春秋公羊伝』、
『論語』、『孝経』、『爾雅』、『孟子』。

　孔子が「信」じたことが、これらの本には記されているので
す。

　ただ、孔子が窃かに比したという老彭がどのような人であっ
たかは、わからなくなってしまっています。

孔子が「聖人」になったのはいつか

歴史家・司馬遷が『史記』を書いたのは紀元前91年頃とされます。孔子没後、約388年後のことです。

司馬遷は、『史記』を書くために実地を検分して歩いたと言われますが、今、孔子廟がある曲阜にも立ち寄っています。

そして孔子が生きていた時代の車や礼器などを見て深く感動し、しばらく立ち去ることができない程でした。

その時、司馬遷は次のように言うのです。

「この世の君主から賢人にいたるまで、その数はたくさんいます。彼らは、生きている間はとても有名で華やかですが、亡くなるとそれで名前も消えてしまいます。ところが孔子は、無冠の人だったにもかかわらず、十数代にわたって名前が残り、学問をする人たちがみな、この人を宗家として貴んでいます。そして、天子や王侯をはじめ六芸（当時上流階級の必修科目とされた6種の技芸）を語る人たちはみな、孔子の説と合致するのかどうかと孔子を基準に物を考えるようにしているのです。まさに『至聖』（この上なく徳がすぐれている）というべきです」

「聖人」という字は使ってありませんが、司馬遷の「至聖」という孔子を指す言葉が、孔子を「聖人」とするに至るきっかけとなったのでした。

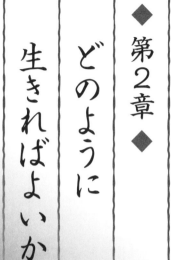

◆ 第2章 ◆
どのように生きればよいか

己の欲せざる所は人に施すこと勿れ。

子貢問うて曰く、一言にして以て終身これを行うべき者ありや。子曰く、其れ恕か。己の欲せざる所は人に施すこと勿れ。

子貢問曰、有一言而可以終身行之者乎。子曰、其恕乎。己所不欲、勿施於人。

（衛霊公篇）

当たり前のことを、人は忘れがちです。

自分がして欲しくないことは、人にしない！

その最も根本のものは何でしょうか。それは、今の言葉であれば「自由」ではないかと思います。

やらなければならないこともももちろんありますが、やらなければならないことばかりでは、人は息ができなくなってしまいます。

紀元前500年頃、孔子が活躍していた時代には、「自由」などという概念はもちろんありません。厳しい身分制度が存在し、刑罰なども苛酷だった時代です。人権などということだってありませんでした。

いつ、どこからか命令が下って、死や強制労働を強いられても、それを拒否することすらできない社会だったのです。

ところで、「欲」とは何をいうものなのでしょうか。

「欲」は、「谷」と「欠」で作られています。「谷」は、「欠けた部分」を意味します。そして「欠」は、その欠けた部分を満たすために大きな口を開けている状態を表します。

自分に足りない部分を埋めようとすることが「欲」なのです。

足りないところを満たそうとしない、つまりその人が「必要としないこと」こそが、「欲せざるところ」という意味なのです。

それでは「施」とは何でしょうか。

「施」は「方」「一」、「也」の三つが組み合わされて作られています。

「方」と「一」は「旗」が風になびいているところを表し、「也」

71

は、ヘビのように長くその旗が伸びていることを意味します。

　ここから「自分の勢力の中に、遠い他人をも収めるために、金品を上げたりして、影響を及ぼしていくこと」を表すようになったのです。

　そうであれば、「己の欲せざる所は人に施すこと勿れ」という言葉には、「人が必要としていないのにもかかわらず、金品などを与えて自分の勢力内に、人を収めようというようなことをしてはならない」という意味が隠されているということもお分かりでしょう。

　人との関係を作るなかで、もっとも気に掛けなければならないことが、この教えなのです。

　「己の欲せざる所は人に施すこと勿れ」という孔子の教えは、『論語』には２箇所に見えています。上に紹介したのは衛霊公<ruby>衛霊公<rt>えいれいこう</rt></ruby>篇です。

　もうひとつは、<ruby>顔淵<rt>がんえん</rt></ruby>篇に見えています。

　こちらの方は、弟子の<ruby>仲弓<rt>ちゅうきゅう</rt></ruby>が、孔子に「仁とは何か」と訊いた時に、答えられた言葉です。

　「己の欲せざる所は人に施すこと勿れ」と言われた仲弓は、「この言葉を一生涯実践して行きます」と答えています。

　子貢の質問と仲弓の答えかたに共通するところがあることも、おもしろいですね。

巧言令色鮮なし仁。
こうげんれいしょくすく　　　　じん

子曰く、巧言令色鮮なし仁。
しいわ　　　こうげんれいしょくすく　じん

子曰、巧言令色鮮矣仁。

(学而篇)

訳

巧みな言葉、人に気に入られようと飾る顔、そういうことに、仁はない

「仁」とは何でしょうか。

これは、序章でも述べましたが、「人を思い遣る気持ち」です。

ただ、思い遣るのではなく、まるで自分の肉親のように、親身になって人を思うことが「仁」なのです。

父母が自分の子どもに接するように、時には厳しく、時には優しく、人に自然に手を差し伸べることができれば、これ以上のことはありません。

そこに巧みさは必要ないでしょう。またその人に気に入ってもらおうという飾った顔色は必要ないのではないでしょうか。『論語』には次のような言葉が載せられています。

「子曰く、人として不仁ならば、礼を如何せん。人として不仁ならば、楽を如何せん。林放、礼の本を問う。子曰く、大いなる哉、問い。礼は其の奢らんよりは、寧ろ倹せよ。喪は、その易からんよりは、寧ろ戚せよ」（八佾篇）

これは、人として、すべての人の心にある「仁」という思いを失ってしまったら「礼」はどうなる、「楽」はどうなる？と孔子が言ったのに対し弟子の林放が、礼の本質を孔子に訊いたものです。孔子は、「おお、それは大変な質問だ」と言ってから次のように教えたのです。「礼は、派手にするよりつづまやかに、控えめにするものだ。お葬式は盛大にするよりは、心から哀しむようにするといい」

ここがポイント

　飾り立てたり、巧みな技を使って
やるより、質素でもいいから心を込
めてひとつひとつのことを行うこと
こそが大切なのではないでしょうか。

過ちて改めざる、
是を過ちと謂う。

子曰く、過ちて改めざる、是を
過ちと謂う。

子曰、過而不改、是謂過矣。

（衛霊公篇）

訳

間違いを改めることがない、これこそが過ちなのだ

　「過」を「間違い」と訳しましたが、「過」は「過失」をいうような過ちです。

　孔子は、人が行動をするときに、もっとも大切な要件として「中」ということを教えました。後の時代になってこの「中」は「中庸」という言葉で教えられるようになって行きますが、これは「ピタリと中る」ことを言ったものです。

　「中」という字を反時計回りに90度動かしてみましょう。すると「一」と、縦長の□が見えるでしょう。

　この縦長の□は弓矢の的、「一」はその的の真ん中にピタリと中った弓矢を表しているのです。「中」の字を「あたる」と読むのは、そのためなのです。

　孔子は、何事をするにも、的の中心にピタリと中るようにしなさいというのです。

　そして、「中」を定義するのに「過不及無きこと」と言います。「過ぎてもいけない、及ばなくてもよくない」という意味です。

　弓を射るのに、的を破壊するほどの力を入れてはいけないでしょうし、また的に届かないというのでもだめでしょう。

　ちょうどいい力加減で、左右上下にずれず、ちょうど真ん中に中るようにすることが大切なのです。

　しかし、弓ならずともなんでもそうだと思いますが、慣れてうまくできるようになって来るとおごり高ぶる気持ちがどうしても人には湧いて来ます。

　こうした気持ちを「慢心」と言いますが、慢心によって人は、こんなところでは失敗しないだろうというようなところで、失

敗してしまうようなことが少なくないのです。

　そうした慢心による失敗をこそ、孔子は「過ち」と言っています。

　そして、その慢心による失敗に、ハッと己に気が付き、その心持ちを変えることをいうのが「改」という字の意味です。「起」という字にも「己」という字が見えますが、これは驚き、気付いて、ビックリして眼を覚ますということを表しています。

ここがポイント

　知らずに間違うのとは異なる専門家のちょっとしたミス、それが世の中に大きな悪い影響を与えることがあるから何か行動を起こすときには決して侮ってはいけない、しかもそうした過ちも一回なら許されるでしょうが、二度とは許されないのだよと孔子は、自分に言い聞かせるように、人にも教えているのです。

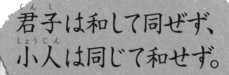

君子は和して同ぜず、
小人は同じて和せず。

子曰く、君子は和して同ぜず、
小人は同じて和せず。

子曰、君子和而不同、小人
同而不和。

（子路篇）

　立派な人物というのは、人と調和することがあって
も、見境なく誰とでも仲間になるということはない。
その場だけのことを考える人というのは、すぐに仲間
を作るが、本当の意味で人と調和した関係を築くこと
がない。

　「和」という漢字は、「禾」と「口」で作られています。「禾」は、穀物が実った穂を表します。そして「口」は、もともとは「○」で書かれ、実ったたくさんの穂を、結わえることを表します。

　つまり、一本一本が実りある人であるとすれば、その人たちは力を合わせることによって調和し、さらに大きなことができると言うのです。

　それでは「同」とは何を表す言葉なのでしょうか。

　これは、四角い板と、そこに空けた穴を表します。

　「同心」という熟語で「心をひとつにする」など、「同」という漢字自体に悪い意味はありませんが、仲間意識があまりに強くなると、社会との調和がうまくとれなくなることも少なくありません。

　中国では、とくに、古代から仲間意識が強い人たちが、革命を起こし、社会を混乱させるということが起こっていました。

　孔子は、「朋」という字を使って、人が対等な関係であることを大切にするのですが、対等な関係で調和することができる人こそ、君子だというのです。

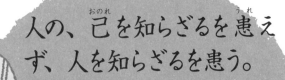

人の、己_{おのれ}を知らざるを患_{うれ}え
ず、人を知らざるを患う。

子曰_{いわ}く、人の、己_{おのれ}を知らざるを
患_{うれ}えず、人を知らざるを患う。

子曰、不患人之不己知、患
己不知人也。

（学而篇）

訳

　人が自分のことを認めてくれないことを気に掛けな
い。反対に、自分が人のことを理解していないという
ことを気に掛けるようにすべきなのだ。

『論語』巻頭の一文に「人知らずして慍みず。亦君子ならずや」というのがありました。

「人が自分を認めてくれなくても、グジグジ悩んだりしない。これがオトナというものだ」という言葉です。

「患」という字は、「串」と「心」で作られています。これは真っ直ぐである心に、いくつかのわだかまりが串刺しになっていることを表しています。

生きていればいろんなわだかまりを感じることがあるでしょう。人が自分のことを認めてくれない、自分を無視するということになれば、嫌な思いとなって心にしこりのようなものができるかもしれません。

しかし、そのしこりを作らないようにする方法もあるのです。

それは、自分が、人の立場になってみるということです。あの人が自分のことを分かってくれないと思う前に、自分こそが相手のことをもっと知ろうとしてみたらどうでしょう。

孔子には、顔淵という弟子がいました。貧しい家に生まれましたが、それを苦とも思わず、ただひたすら学問に打ち込みました。孔子は、顔淵を、自分を越える人物だと思っていたのですが、惜しくも、若くして亡くなってしまうのです。

その顔淵が、孔子に「仁」とは何ですか？と訊いたことがありました。

孔子は次のように答えています。

「己に克ちて礼を復むを仁と為す。一日、己に克ちて礼を復

めば、天下、仁に帰す。仁を為すは己に由りて、人に由らんや」

「身勝手を行わないように心を戒め、先人が定めた人の踏み
べき道を行うことが仁なのだ。もし、人がたった一日でもこう
した仁を行うことができたら、いつか天下の人々がその影響を
受けることになるだろう。だが、それは自分の力でのみできる
ことで、他人の力を頼ってできるものではないのだよ」

「復むべき道」というのは、人として守らなければならない
ことでしょうが、もっと具体的に言えば、私欲を捨てるという
ことにもなるでしょう。

ここがポイント

　「あれは嫌だ、これは嫌だ」というのは簡単です。

　しかし、そう言って消去法で人生を選択していると、少しずつ心が「串」のように、しこりを作って行くことになります。

　そうではなく、好き嫌いの判断や私欲を捨てて、来るものを素直な気持ちで受け入れて処理して行くと、わだかまりを作ることがなくなって行きます。

　心を「串」のようにわだかまりやしこりでいっぱいにしないための心の在り方を孔子は、弟子たちに教えようとしたのです。

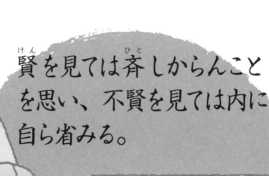

賢を見ては斉しからんこと
を思い、不賢を見ては内に
自ら省みる。

子曰く、賢を見ては斉しからん
ことを思い、不賢を見ては内に
自ら省みる

子曰、見賢思斉焉、見不賢
而内自省也。

（里仁篇）

訳

　賢い人に出会ったら良いお手本として見習い、愚か
な人に出会ったら悪いお手本として自分の反省材料に
する

　孔子が立派な人物として記すものに「君子」「賢人」「聖人」があります。

　聖人とは、中国の過去の聖王たち、堯、舜、禹、湯王、文王、武王、周公旦を指しています。

　これらの聖王は、すべて天命を得て新しい王朝を創った人々ですが、「聖」とは何を意味するのでしょうか。

　「聖」という漢字は、「耳」と「口」と「王」で作られています。

　これは、天命を「耳」で聴き、それを直接みんなに「口」で伝えること、「王」は、高い位置にいることを表しています。

　さて、これに次ぐのが「賢人」です。

　「賢」の字の「貝」は、「価値がある人」を意味します。それでは「臣」と「又」は何を意味するのでしょうか。

　「臣」は、眼を伏せている人を表し、「又」は「手」を意味します。

　これは、聖人の言葉を聞き、その命令を聴いて、実際に手足を動かして働く力のある人を表します。

　聖人になることは、本当に特別の人にしかできませんし、中国では孔子以降は、だれも聖人となることはありませんでした。

　ただ、賢人になることはできます。

　それは、聖王の教えを守り、正しい道を進むための教えを実際に伝えることができる人だからです。

　孔子は、賢人に会ったら、その人がどのような時にどのような言動をするのかを学ぶことができると言ったのです。

江戸時代まで寺子屋では「四書」が手本に教育がなされました。

　「四書」は、『大学』『中庸』『論語』『孟子』です。

　『大学』は、人がどのように物事を考えていけば間違いないかということを教える入門書です。

　『中庸』は、儒学が求める知の到達点を教えます。

　そして、『論語』は、孔子と孔子の弟子たちの言動を通して、聖人・孔子の具体的な発言や行動を学びます。

　最後に『孟子』を学ぶことで、今度は、賢人・孟子の考え方を学ぶのです。

徳は孤ならず、必ず隣有り。

子曰く、徳は孤ならず、必ず隣有り。

子曰、徳不孤、必有隣。

(里仁篇)

訳

徳のある人は孤独ではない。必ずすぐそばに互いに励まし合える仲間がいる。

「徳」とは、孔子が『論語』のなかで、「仁」に続いて多く言及している言葉です。

徳とは、いったい何なのでしょうか。古く、「徳」は「得」と発音も意味も同じだと説明されてきましたが、もう少し具体的に何を「得」ることなのか考えてみましょう。

これもまた漢字を分解して見るとよく分かります。

「徳」は、旧字体では「德」と、心の上に「一」が書いてありました。

ところで、「彳〈ぎょうにんべん〉」は、「何かを行う」「実行する」ということを表します。また「心」は、心で何かをすることなので、この漢字の中心部分は、「十」と「目（横になっていますが）」と「一」となるでしょう。

「十」と「一」は、水平垂直の線で照準を合わせることを表します。当然、目でその照準を合わせるわけですが、それは狙いを定めて矢を目的に向かって放つためです。

「心」が書いてありますから、その矢は「心」で放つものであり、実際にそれを行動に起こすのですが、それは、人の「心」を射ることになるのです。

すでに「中」という漢字について説明しましたが、「徳」もまた、弓を射て、人の心を「得」ることだったのです。

ですが、人の心を得るとは、どういう意味でしょうか。

それは、精神的な繋がりをもつということに他なりません。

古代の聖王・舜は、寒村に住んでいた名もない一人の男でしたが、親孝行の評判も高く、いつのまにか舜を慕って人が集ま

り、舜を中心に村ができ、村が町となり、都となるほどに栄え
たと言われています。

　こんなふうに徳のある人のところには、人が自然と集まって
くるというのが、「徳は孤ならず。必ず隣あり」という意味な
のです。

ここがポイント

　今も昔も、人を惹き付け、信頼させることができ、心から人が協力してくれるようになるのは、力がある人ではなく、徳という人格を持った人だということに変わりはないのではないでしょうか。

顔淵死す。
子之れを哭して慟す。

顔淵死す。子之れを哭して慟す。

従者曰く、子慟せり。曰く、慟

すること有るか。夫の人の為に

慟するに非ずして、誰が為めに

かせん。

顔淵死。子哭之慟。従者曰、

子慟矣。曰、有慟乎。非夫

人之為慟、而誰為。

（先進篇）

訳

　顔淵が死んだ。孔子は哭して泣き崩れた。ついて来た者が「先生が慟哭されました」と言った。孔子が言った。「慟哭とはこの人のためにこそするものなのだ」

顔淵、名は回。彼が31歳で亡くなったのは孔子69歳の時でした。

顔回の葬式は孔子の弟子が中心になって行われました。

孔子は、立派なお葬式をしたいと言う弟子たちに「そんなことはしてはいけない」と言ったのでした。

しかし弟子たちは孔子の言うことを聞かずに立派な葬式をするのです。

孔子は弟子たちに言います。「顔回は私のことを父親のように思ってくれたのに、私は彼を自分の子供のようにしてやれなかった。この立派な葬式は、私が願ってやったことではない。おまえたちがやったのだ」。

顔回には顔路という父がいました。顔路も孔子の弟子です。しかし、父親は、貧しくて立派な葬式など出してやることはできなかったのです。

孔子は、立派な葬式より必要なのは何かを説きます。

本当に人の死を悼む気持ちがあれば泣き崩れることもある。

結婚式、葬式……社会が豊かになれば、他の家に見劣りがしないようにと、無理をしてでも華やかにこうした式典をやるようになるでしょう。

しかし、華美を追求することが、必ずしもその後の人間関係を円滑にするわけではありません。本当に必要なのは、形ではない、孔子はそんなことを教えようとしたのです。

其の仁を知らず、焉んぞ佞を用いん。

或ひと曰く、雍や仁なれども佞ならずと。子曰く、焉んぞ佞を用いん。人に禦るに口給を以てすれば、屢人に憎まる。其の仁を知らず、焉んぞ佞を用いん。

或曰、雍也仁而不佞。子曰、焉用佞。禦人以口給、屢憎於人。不知其仁、焉用佞。

（公冶長篇）

訳

　あるひとが言った。「雍さんは、とってもいい人だけど、弁舌が立ちませんね」

　孔子が言う。「弁舌なんて問題じゃありません。口達者な人はかえって人に憎まれる。雍がいい人間かどうかは知らないけど、弁才なんかはなくてもいいのです」

「雍」とここで呼ばれているのは冉仲弓という孔子の弟子です。孔子より29歳年下で、徳を備えた人であったが口数が少ないというだけでなく、人付き合いのとっても悪いぶっきらぼうな性格だったと伝えられます。

「佞」という字をよく見ると「仁」と「女」から成り立っています。

「佞」は「仁」という漢字をもとにして作られました。

「仁」は「仁愛」とか「仁孝」という熟語もありますし、また「仁」が最も大切だと孔子が言うように、本来いい意味の言葉です。

しかし、「女」がつくとなぜか悪い意味に変わってしまいます。

「佞」は、「口先が巧みで、人当たりはいいが心の中で何を考えているのか分からない」という意味の言葉です。

『論語』にも衛霊公篇に「鄭声を放ち、佞人を遠ざけよ！」（鄭の国で歌われている俗悪な歌謡曲を禁止して、口先だけ上手なこびへつらった者たちを退けよ！）と孔子が強い言葉で言った言葉が載せられています。

しかし、孔子の弟子である雍は、衛霊公篇で言われるような佞人ではありません。孔子の弟子の十本の指の一人に数えられるほど徳の高い人物でした。ただ、弁舌が立たなかっただけなのです。

「巧言令色鮮し仁」と孔子は言います。

「口給」とはこの「巧言」のことで、口数が多くまくし立て

るように喋ることをいう言葉です。喋ればどんどんアラが出て
くるということもあるでしょう。でも喋らなければ人は分かっ
てくれません。

　「中庸」というのがやっぱり一番大事なのでしょう。

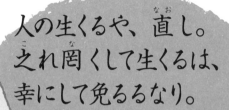

人の生くるや、直し。
之れ罔くして生くるは、
幸にして免るるなり。

子曰く。人の生くるや、直し。
之れ罔くして生くるは、幸にし
て免るるなり。

子曰。人之生也、直。罔之
生也、幸而免。

（雍也篇）

訳

　孔子が言う。人がこの世に生きていられるのは、直、すなわち素直さがあるからである。この素直さがなくて生きていけるのは、まぐれが幸いして難を逃れただけなのだ。

「直」という漢字は、「徳」と同じ意味を持っています。つまり、「まっすぐにものを見る力」です。

ところで、『論語』には「父は子の為に隠し、子は父の為に隠す。直きこと其の中に在り」という言葉があります。

これは、葉公（しょうこう）が孔子に次のような質問をした時にいわれたものです。

「わたしの村に正直者の直躬（ちょくきゅう）というものがあります。その父が、よその羊が迷い込んで黙って着服したのを、子供の直躬が役所に訴えたのです」

これに対して、直躬が正しいと、もちろん孔子は言いません。

ただ、父親というものは子供をかばうもの、子供は父親をかばうもの、それが人間のもつ本来の正直さではないのかと言うのです。

こうした孔子の考え方は、次の世代に現れる孟子（もうし）の性善説（せいぜんせつ）につながっていきます。

たとえば、「天下の帝王、舜（しゅん）の父親が殺人の罪を犯しましたが殺人罪として処刑しますか」という質問に、孟子は「舜であれば、天下の位を草履（ぞうり）のように捨てて、父を背負って海へ逃げ、よろこんで父とともに暮らすであろう」と答えています。

ここがポイント

　政治をする人ならいくらでもいるでしょう。

　しかし父と子の代役をすることができる人は誰もいないのです。

　「人が人であることを考える」というのが孔子の思想の根幹なのです。

徳を之れ修めず、学を之れ講ぜず、義を聞きて徙る能わざる、不善の改むる能わざるは、是れ吾が憂なり。

子曰く。徳を之れ修めず、学を之れ講ぜず、義を聞きて徙る能わざる、不善の改むる能わざるは、是れ吾が憂なり。

子曰。徳之不修、学之不講、聞義不能徙、不善不能改、是吾憂也。

（述而篇）

訳

孔子が言う。徳を修められないこと、学問を習得できないこと、正しいことを耳にしながらそこに移れないこと、良くないことだと分かりながらそれを改めることができないこと、この四つが私の心配なのである。

孔子にも心配事はありました。

孔子は、幼くして両親を亡くし、苦学しなければなりませんでした。約190センチの長身で、ひとからは「丘(きゅう)」と馬鹿にされました。

彼は「学」や「礼」をひっさげて仕官を望みますが、もちろんだれも雇ってはくれません。50歳を過ぎてから諸国を放浪する憂(う)き目にも遭いました。

氏素性(うじすじょう)もわからない、うしろだてになってくれる師匠さえない孔子を誰が雇うことがあるでしょうか。

子貢のように商才にすぐれている弟子がいなかったら、彼は食べることにさえ毎日心配をしなければならなかったのです。

孔子は、強がりな男である、上昇志向の人間、理想主義者、いや、こうした逆境にもめげずに心から学問を求めたほんとうの聖人……などとさまざまに評価がされます。

ただ、三千人の弟子、72人の高弟がいたと伝えられています。ウソだと言ってしまうのは簡単ですが、これだけの人から慕われた人は少ないのではないでしょうか。

孔子は、弟子を前に、いろんなことに悩みながらも、大切なことを説かざるを得なかったのです。

「小人(しょうじん)は人が見ていないところでは悪いことをする」という言葉も、人を責めるためのものではなく、おそらく、自分に課した言葉だったに違いありません。

逝く者は斯の如き夫。
昼夜を舍めず。

子、川上に在りて曰く、逝く者は
斯の如き夫。昼夜を舍めず。

子、川上に在りて曰く、逝く者は
斯の如き夫。昼夜を舍めず。

子在川上曰、逝者如斯夫。

不舍昼夜。

（子罕篇）

訳

　孔子が、ある時、川のほとりに立ち、水の流れを見
て言った。「過ぎ去って帰らないものは、この水のよう
なものであろうか。昼となく夜となく、一刻も止むこ
となく過ぎ去って行く」

人が亡くなることを「逝去」と書きます。「逝」とは、木の枝などがぷっつりと折れるという意味の「折」と「しんにょう」、つまり「行ってしまう」という意味の漢字が結びついてできています。ある日、ぷっつりとどこかへ行ってしまってもう二度と帰って来なくなってしまうのが人の死なのです。

　水の一滴は手に取ることもできます。風が吹いて行くことは、木の葉が揺れたり稲穂がそよぐことで分かります。しかし、だれも吹きゆく風をつかまえることはできません。また、水の流れをその手に収めることもできません。ただ、それらは流れて行くだけでなのです。

　時間もまた同じように流れ去ります。鴨長明『方丈記』の冒頭「行く川の流れは絶えずして、しかももとの水にあらず」は、もしかしたら『論語』のこの一文に依っているのかもしれません。

　孔子は、溜息をついて、どうしようもない時間の流れを川の水の流れに見るのです。

　人の命だって過ぎ去ってしまいます。

　頼みにしていた最愛の弟子、顔回ももう逝ってしまったと、孔子は何度思ったことでしょう。そして、まだ若かった息子の鯉も死んでしまった……自分の命だっていつかは終わる。

　こうして孔子は、人間の最も大切なものは何かと意志を強くして問い、自分を奮い立たせながら精一杯の人生を生きたのです。

後生畏る可し。
焉んぞ来者の今に如かざる
を知らんや。

子曰く、後生畏る可し。焉んぞ
来者の今に如かざるを知らん
や。四十、五十にして聞くこと
無くんば、斯れ亦畏るるに足ら
ざるのみ。

子曰、後生可畏。焉知来者
之不知今也。四十、五十而
無聞焉、斯亦不足畏也已。

（子罕篇）

訳

　孔子が言う。後輩たちというのはまったく畏敬すべきものである。どうして後輩たちが今の私に及ばないと言えるだろうか。しかし勉強が足りずに四十歳、五十歳になっても名を表すことができないひとは、畏敬するには足りない人だとも言えるであろう。

これは、弟子たちに対する孔子の激励の言葉です。

「出藍の誉れ」という言葉があるのをご存知でしょう。

これは「集団になると人の性は悪となる」という性悪説を説いた『荀子』の冒頭に書かれた話で、原文には「学は以て已むべからず。青は藍より出でて藍より青く、氷は水これを為して水より寒し」と書かれています。

——学問というものは止まる事がないものである。青い色は藍（藍玉と呼ばれる染色の材料）から作り出すが、元の藍よりも鮮やかな青色をしている。氷は水から出来るものだが、水よりも冷たい。

荀子は、戦国時代末期に活躍した儒学者です。孔子の弟子、子夏の学問を継承したと言われています。

孔子は「仁」を説きました。

この後、孔子の弟子の子思の弟子と言われる孟子は、もう「仁」だけを説いたのでは時代には合わないとして、人と人との関係には「義」が必要だと主張します。

しかしこの孟子の考え方は個々人としての人間を見た場合にだけは通じても、人間を集団として考えるところには至っていません。

こうして荀子が現れるのです。

学問の進歩と言えるでしょう。

ここがポイント

　孔子は種を蒔いたのです。
　そして、その種から後世、素晴らしい弟子たちが多く生まれてきたのです。

昼寝と『論語』

　江戸時代に作られた『論語』を使った川柳をひとつ紹介しましょう。

「不届きさ　昼寝の顔へ　『論語』あて」

　これは『論語』公冶長篇に見える「宰予、昼寝ねたり」という言葉をひねったものです。

　宰予という弟子が、昼寝をしているのを見つけた孔子は、「朽木は彫るべからず。糞土の牆は杇るべからざるなり」と言います。

　これは「腐った木には彫刻することもできない。ぼろぼろになった土塀には上塗りをすることもできない」という意味ですが、昼寝をしている宰予をみて「芯から腐った不届きものだ！」と怒って叱りつけたエピソードなのです。

　川柳は、これを踏まえて、昼寝をしている寺子屋の子ども、しかもその子どもが『論語』の頁を空けたまま、顔にかぶせて寝ているのを見て、不届きな奴！と呼んだものなのです。

◆ 第3章 ◆

社会とのかかわり

必ずや名を正さんか。

子路が曰く、衛の君、子を
待ちて政を為さば、子将に
奚をか先にせん。子曰く、
必ずや名を正さんか。

子路曰、衛君待子而為
政、子将奚先。子曰、
必也正名乎。

（子路篇）

ある日、子路が孔子に訊きました。
「もし、衛の君主に、政治を取り仕切ってくれと言
われたら、先生はまず何をされますか?」
孔子は答えて言いました。
「まず、私はものの名前と実体が一致するようにし
てみたい」

　孔子の晩年、弟子の子路が、衛という国にある蒲という町の長官だった頃の話です。

　冒頭のやり取りで孔子の答えを聞いた子路は、溜息交じりに次のように言うのです。

　「そんなことを仰るから、先生はまどろっこしいなって言われるのです」

　孔子は、怒って、子路を一喝して言います。

　「なんと、おまえはがさつな奴だ！君子というものは、自分が分かっていないことについては、黙っているものだ。そもそも、「名を正す」ということの意味がお前にはわかっているのか？！　名前と実体が正しく一致していなければ、言葉が通じない。そうなれば、世の中の秩序は乱れ、法律も効力を失い、人は安心して暮らすことができなくなってしまう。だから、君子は、あるものに名前を付けなければならない時には、それに最もふさわしい名前を付け、軽々しく言葉を口にしたりしないものなのだ」

　古代、人は、自分の名前さえ、他人に教えることがありませんでした。それは、名前には魂が籠もっているという思想があったからです。名前を知らることは、魂を取られることと同義だったのです。

　言霊という我が国古代の考え方も、そうした思想の表れです。

　しかし、言葉は、つねに変化して行きます。

　孔子がもっとも不満に思っていたのは、「王」という言葉で

した。

　孔子の時代、中国を統治する宗主国は、周という国です。この周の王こそが「王」であり、他の魯、斉、晋、衛などという国は、周王から封建された国であるため「諸侯」ではあっても「王」ではありません。

　それにもかかわらず、これらの国の君主は、自ら「王」を僭称していたのでした。

　孔子が怒りを込めて「名」と「実」が一致していなければ、社会は混乱する！　と言ったのは無理もないことだったのです。

ここがポイント

　余談ですが、孔子は「盗泉」というところ（現・山東省泗水県）を通り過ぎた時、喉が渇いていたにもかかわらず「渇しても盗泉の水は飲まず」と言ったという逸話が残っています。

　盗んだ泉というような名前のついた水を飲んでは、自分が穢れてしまうという意味なのですが、これも現在では「どんなに困っても決して不正なことには手を出さない」という意味で使われるようになっています。

　孔子が目指したことは、根本からの改革だったのです。

厩焚けたり。子、朝より退きて曰く、人を傷えりや、と。馬を問わず。

厩焚けたり。子、朝より退きて曰く、人を傷えりや、と。馬を問わず。

厩焚。子、退朝曰、傷人乎。不問馬。

（郷党篇）

訳

孔子が登城している時に、厩舎が焼けた。孔子は帰ってくると言った。「人はだれも怪我などしなかったか」と。馬のことは問われなかった。

当時の馬は、今の自家用車のようなものです。言ってみれば財産のひとつです。

厩舎（きゅうしゃ）が焼けたと言われたのであれば、馬は大丈夫だったか？と訊（き）くのがふつうでしょう。

しかし、孔子は、馬のことは聞かずに、誰も人が怪我をしたりしなかったかと訊いたというのです。

『論語』には書かれていませんが、この時、孔子は大事にしていた白馬を失ったという話も伝えられています。

ところで、この話は、我が国では、落語にも使われています。「厩火事」という古典落語です。

髪結い・お崎の亭主は、怠け者で昼間から酒ばかり飲んで遊んでいました。

顔を合わせれば亭主と喧嘩となるが、本当に亭主が自分のことを思っているか知りたいと考え仲人のところに相談を持ちかけるのです。

すると、仲人は、孔子が火事で白馬を失ったにもかかわらず、家の者の無事を訊き、弟子たちの信頼を得たという話を聴かせ、お崎に、亭主の目の前で亭主が大事にしている焼き物を割り、亭主の反応を見てみたらどうかとアドバイスします。

家に帰ったお崎は、仲人に言われたとおり焼き物を割るのですが、すると亭主は、「怪我などしなかったか？」と『論語』の孔子の言葉のようにお崎を心配したのです。

気をよくしながらお崎が「そんなに私のことが大事かい？」と訊くと、亭主は次のように言うのです。

「当たり前だ、お前が指でも怪我をして仕事ができなくなってしまったら、俺は明日から、遊んで酒も飲めなくなってしまう」

ここがポイント

　自分の財産を心配するか、人の命を大事にするか、紀元前500年頃の話は、笑い話としてではありますが、我が国の江戸時代まで、誰もが知る話として伝えられて来たのでした。

子、大廟に入りて事ごとに
問う。

子、大廟に入りて事ごとに問う。

或るひと曰く、孰か鄹人の子を
礼を知ると謂うや、大廟に入り
て、事ごとに問う。子これを聞
きて曰く、是礼なり。

子、入大廟毎事問。或曰、
孰謂鄹人之子知礼乎、入大
廟、毎事問。子聞之曰、是
礼也。

（八佾篇）

訳

　孔子が周公旦を祭った廟で祭事の責任者を務めた時のこと
です。孔子は、儀式について事細かく先輩に尋ねていました。
ある人がそれを見て、「いったい誰があの出自の卑しい人間
が礼に詳しいというのだ。」と孔子を揶揄したのです。すると、
孔子はそれを聞いて、
　「これこそ正しい礼の作法というものなのです」とおっしゃ
いました。

118

　学ぶことの大切さについて孔子が多く語っていることは、すでに第1章でもとりあげましたが、『論語』衛霊公篇には、「学ぶに如かざるなり」と孔子が言ったという話が載せられています。

　標題の文章を深く理解するためにも有用だと考えますので、紹介しましょう。

　「子曰く、吾嘗て終日食らわず、終夜寝ねず、以て思う。益なし。学ぶに如かざるなり」という文章です。

　これは、「私はかつて、一日中、食事も摂らず、夜もまともに寝ないで、とにかく机の上で勉強をしていたことがある。しかし、それはまったく何の役にも立たなかった。やはり、人と交わっていろんなことを教えてもらうのには及ばない」というのです。

　孔子は、子どもの頃から、母親の側で、祭事のまねごとをして遊んでいました。それは母親が一番年下の娘として生まれ、先祖の廟を守る役目を果たさなければならなかったからです。孔子は、言ってみればこうした祭事、「礼」の専門家でもあったのです。

　そうしたことが知られていたからでしょう、祖国・魯の先祖である周公旦を祀る祭事の責任者に命令されました。

　しかし、それは、ある意味では、孔子を、本当の「礼」の専門家であるか否かを確かめるための罠でもありました。

　なにしろ、弟子を三千人も随える孔子は、大臣たちにしてみ

◆ 第3章 ◆ 社会とのかかわり

れば、自分たちの立場を無き物にする可能性のある人物でも
あったからです。

　はたして、孔子は、宗廟に入ると、ひとつひとつについて質
問をします。

　「それ見たことか！あの陬から来た人は、本当に礼の専門家
なのか？」と、皆が揶揄したのです。孔子の出身地を言う「陬
の人」という言い方にも、激しい孔子への批判が感じられます。

　しかし、孔子は、平気で言うのです。

　「これこそが『礼』なのです」と。

　この言葉の裏には、「作法に間違いがないかを正しながら行
うこと」の大切さと「自分よりもっと深いことを知っている先
輩たちへの敬意」があるに違いありません。

ここがポイント

　ただ、勉強をして知っていること
と、実践とでは大きな違いがありま
す。

　分からないことがあれば、恥ずか
しがらずに人に訊く。そういう素直
な心をもって、実践を行うことこそ
が、人と調和していく「礼」にも繋
がると、孔子は教えているのです。

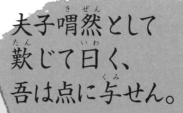

夫子喟然として
歎じて曰く、
吾は点に与せん。

日く、莫春には春服既に成り、冠者五六人、童子六七人を得て、沂に浴し、舞雩に風して、詠じて帰らん。夫子喟然として歎じて曰く、吾は点に与せん。

日、莫春者春服既成、得冠者五六人、童子六七人、浴乎沂、風乎舞雩、詠而帰。夫子喟然歎日、吾与点也。

（先進篇）

訳

（曽皙は）「春の終わり頃に春服を着て、成人の友人五・六人、少年六・七人と一緒に沂水（川の名前）に水浴びに出かけて雨乞いの舞台で涼み、歌を歌いながら帰ってまいりたいと思います」と答えました。

孔子はこれに感心して仰った。「私も仲間に入れて欲しいなぁ」

孔子、『論語』と聞くと、「仁」や「徳」「知」など難しいことを教えているようなイメージがありますが、時には、ホッとする言葉が載せられたりもしています。

さて、ある日のこと、孔子は、弟子たちに訊きます。

「私のことに遠慮しないでいいから、自分がやりたいことを好き放題言ってごらん。世の中が認めてくれないと日ごろ、不満があるだろう」

その時、孔子のそばにいたのは、子路、曽皙、冉有、公西華の四人でした。

まず、子路が言います。

「戦争が続き、飢饉になっていますが、私は三年で国民を救ってみせます！」

孔子は、これを聞いて、笑います。

大言壮語の子路の言いそうなことでした。

そこで、孔子は、冉有にお前はどうだ？と訊きます。

冉有は、「小さな国であれば、三年で、人々が満足できる経済的に豊かな国にすることができるでしょう。ただ、礼楽などの教育は、自信がないので専門家に任せたいと思います」

孔子は、冉有の答えについては何も言わず、公西華、お前はどうだ？と訊きました。

公西華は次のように言います。

「私は、政治のことはまったくわかりません。ただ、君主の宗廟を祀る儀式や諸侯の会議に出席して、介添えなどができればいいなぁと思っています」

孔子は、そこで、少し離れたところで琴を弾いていた曽皙に、おまえはどうだ？と訊くのです。

　曽皙の答えは先に挙げた通りのものでした。

　子路はできもしないことを言う強き一点張り、冉有は子路に引きずられるように人の意見に左右されてしまう、公西華は優秀なのに補佐役になりたがる、曽皙の答えはあまりにも理想的すぎるし現実から目を背けがち……弟子たちのそれぞれの性格を知ってどのように彼らを導けばいいのかを考えていたのです。

これを沽らんかな、
これを沽らんかな。
我は賈を待つ者なり。

子貢曰く、斯こに美玉あり、匱に
韞めて諸れを蔵せんか、善賈を求め
て諸れを沽らんか。子曰く、これ
を沽らんかな、これを沽らんかな。
我は賈を待つ者なり。

子貢曰、有美玉於斯、韞匵
而蔵諸、求善賈沽諸。子曰、
沽之哉、沽之哉。我待賈者
也。

（子罕篇）

訳

子貢が孔子に尋ねました。

「ここに美しい宝玉があったとします。先生はそれを
箱にしまってとっておきますか？　それとも良い買い手を
探して買ってもらいますか？」

孔子は答えました。「売るだろう、売るだろう。私は
良い買い手を待っているのだ」

孔子は、55歳から68歳まで、祖国を捨てて各地に放浪しています。どこかの国の君主が自分を雇ってくれないか、自分こそは子貢がいう「美玉」であり、自分を使ってくれれば、いい政治を行い、人々を幸せにすることができるのに！　と考えていたのです。

　ただ、残念なことに、孔子を雇ってくれるところはどこにもありませんでした。

　人生の難しさというのは、きっとこういうところにあるのでしょう。

　もし、孔子が、どこかの国の役人か大臣になっていたとしたら、後世にこれほどの大きな影響を与えることはなかったのではないかと思うのです。

　自分を買って欲しいと思った人で、孔子が尊敬した人がいました。

　太公望（たいこうぼう）としても知られる呂尚（りょしょう）という人物です。

　呂尚は、始め殷の帝辛（しん）（後の紂王（ちゅう））に仕えていましたが、この王が暴虐の王であったために立ち去り、だれか自分を雇ってくれる人はいないか、そうすれば存分の働きをしてその人を助けるのにと考えていました。

　ところで、当時、中国の西北に周（しゅう）の文王（ぶんのう）という人があり、天命を得て、無道の帝辛を倒すことを計画していました。

　しかし、そのための兵法を計画する指揮官・軍師がいなかったのです。

文王は、ある日、占いをすると、「今日の獲物は、龍でも虎でも熊でもなく、覇王を輔佐する人物であろう」という結果が出ます。

　文王が狩に出掛けると、道の途中で、釣をしている老人に出会います。

　これこそが呂尚でした。

　呂尚は、毎日、釣り針もつけず、ただ渭水に釣り糸を垂れて、自分を買ってくれる人を待ち続けていたのです。

　文王は、呂尚の横に腰を下ろして話をすると、呂尚の深い知識と高い徳に驚いてしまいます。

　こうして文王は祖父の太公が言っていた言葉を思い出すのです。

　「いずれ立派な人物が現れて、この国、周は栄えることになるだろう」

　立派な人物、それが「呂尚」と直観した文王は、呂尚を軍師としてそばに置きます。

　残念ながら文王は先に亡くなってしまいますが、その子の武王が帝辛を倒し、周王朝を建てることになるのです。

　この呂尚の伝説が、孔子の当時あったかどうか、はっきりしたことはわかりません。ですが、これに似た話があったことは確かです。

　だとすれば、孔子は、もしかすれば、自らを呂尚に見立て、呂尚のような働きをしたいと考えていたのかもしれません。

曽子曰く、吾、日に吾が身を三たび省みる。

曽子曰く、吾、日に吾が身を三たび省みる。人の為に謀りて忠ならざるか、朋友と交わりて信ならざるか、習わざるを伝うるか。

曽子曰、吾、日三省吾身。為人謀而不忠乎、与朋友交而不信乎、伝不習乎。

（学而篇）

訳

曽子が言った。「私は、一日に三つのことを気に掛けて、我が身を省みる。真心を込めて人のために行動したか。友だちに対して信義を貫いたか、自分がまだ本当に習得していないことを、人に教えたりしなかっただろうか」

これは、孔子より46歳若い弟子・曽参（曽子）の言葉です。

先に、出てきた父親の曽晢も孔子の弟子で、親子二代にわたって孔子から教えを受けた人でした。

伝説では、孔子は、曽子が「孝」に優れた人だとして、『孝経』という本を書かせたとも言われていますが、彼は孔子の孫の子思に孔子の教えを伝え、子思は孟子に儒学を伝えたと言われています。儒家の伝統にはひじょうに大きな役割を果たした人だったのです。

さて、一日に三つのことを反省したという、その三つのこととは何なのでしょうか。

ひとつは、人のために何かしたことが忠であったか、どうかということです。日本語訳では「忠」は、「真心を込めること」と訳されますが、それでは曽子が考えている「忠」とは少し違うのではないかと思うのです。

「中」という漢字についてはすでに触れました。まっすぐ的の真ん中に矢を当てるということです。これに「心」がついていますので心が放つ矢をいうのでしょう。

だとすれば、人のためになにか頼まれてやったことで、本当に、その人が望んでいることに、自分が心を傾け、その本当にして欲しいことを過不足なくやって上げることができたかどうかということではないでしょうか。

次に、曽子が省みるのは「信」であったかどうかということです。

「信」といいう漢字は、「イ〈にんべん〉」と「言」で作られ

第３章 ◆ 社会とのかかわり

ています。これは、自分が言明したこと、約束したことを、それが叶うまでずっと押し通していくということを表します。「不信」という言葉が、前言を翻すことを言うのとは反対の言葉です。

　すなわち、対等の立場である朋(ともだち)や、助けあっている友人に対して、前言を翻す(ひるがえ)ような言動をしなかったかということを自らに問うと言うのです。

　そして、もうひとつは、「伝不習乎」ということなのですが、この最後の文章にはふたつの漢文の読み方があります。

　ひとつは、「習わざるを伝えしか？」

　こちらは、「まだ自分が習熟してしまっていないことを、人に伝えたのではないか？」ということになります。

　もうひとつは、「伝わるを習わざりしか？」

　これだと、人から教えてもらったことを、今日、自分は習熟しようと努めなかったのではないか？　ということになるでしょう。

　じつは、漢文のおもしろいところは、こんなところにあります。どちらにでも取れる意味の文章をじっくり考えて行くと、なんとなくこちらが正しいかなぁと思うことがあるのです。

　私としては、今は、この曽子の言葉は、「まだ自分が習熟してしまっていないことを、人に伝えたのではないか？」という意味ではなかったかと考えているのですが、いかがでしょうか。

成事（せいじ）は説（と）かず、遂事（すいじ）は諫（いさ）めず、既往（きおう）は咎（とが）めず。

成事（せいじ）は説（と）かず、遂事（すいじ）は諫（いさ）めず、既往（きおう）は咎（とが）めず。

成事不説、遂事不諫、既往不咎。

（八佾篇）

訳

終わったことは語るまい、遂げられた事は止めまい、過去の過ちは咎めまい。

これは、孔子より30歳ほど年の若い弟子・宰我が哀公に質問をされて、いい加減な答えをした時に、孔子が宰我をたしなめて言った言葉です。

　本文には次のように書かれています。
　「哀公、社を宰我に問う。宰我、対えて曰わく、夏后氏は松を以てし、殷人は柏を以てし、周人は栗を以てす。曰わく、民をして戦栗せしむるなり。子これを聞きて曰わく、成事は説かず、遂事は諫めず、既往は咎めず」

　哀公が宰我に、社に植える神木について質問をしました。
　すると、宰我が答えます。
「夏の時代には松を植え、殷の時代には柏（イトスギ）を植え、周の時代においては栗を植えています。これは社で行われる刑罰によって人々を戦慄させるためであります」
　栗という漢字が「りつ」と発音され、「戦慄」の「慄」と発音が同じなので、栗の木を植えるのですと答えるのですが、孔子から言わせれば、デタラメなことだったのです。
　孔子は、宰我をたしなめて「終わったことは語るまい、遂げられた事は止めまい、過去の過ちは咎めまい」と言うのです。
　孔子は、自分に厳しい人ではあったと思いますが、人にはかなり寛容な人物だったのではないかと思います。
　宰我のこんな勝手な解釈も、どうしようもないやつだなぁという感じで、ちょっと釘を刺す程度でやめています。

というのは、じつは、宰我のこの言葉には、隠された意味が
あったからです。

　当時、魯の国は、君主・哀公をないがしろにして、季孫氏、
仲孫氏、叔孫氏という三人の大夫が政治の実権を握って猛威
を振るっていました。

　宰我は、哀公に、この三人の大夫を「戦慄させるように力を
もちなさい！」と暗に意見しているのです。

　しかし、哀公には、そんな宰我の意図など分かるはずもあり
ません。

　孔子は、この哀公にも失望して「成事は説かず、遂事は諫め
ず、既往は咎めず」と溜息をつくのです。

鳳鳥至らず。河、
図を出さず。

子曰く、鳳鳥至らず。河、図
を出さず。
吾已んぬるかな。

子曰、鳳鳥不至。河不出図。
吾已矣夫。

（子罕篇）

訳

鳳凰は来ない。黄河から図も出ない。ああ、もう、
どうしようもない。

おめでたいことを示す図柄として「鳳凰」が描かれた陶製の壺や花瓶があります。本来、「鳳」は雄で、「凰」は雌、聖王が世に出る時に現れて舞い、瑞兆を示したとされるものです。もちろん、伝説上の鳥ですが、舜の時に舞い、文王の時には岐山で啼いたと伝えられています。

「図」というのは、易の占いに使われる八卦のもととなった図画のことをいいます。これもまた瑞祥で、伏羲の時に黄河から龍馬がこの図を背負って現れたとされます。これは「河図」と呼ばれます。

龍もまた鳳凰などと同じく、雲を起こして雨を降らせ、春分には天に昇り、秋分には湖の淵に隠れるといわれ、天子をたとえる瑞祥のひとつです。

中国や我が国で、壺や花瓶にこうしたおめでたい瑞祥が描かれるのは、鳳凰や河図、龍が現れた聖王の御代を望むからです。

ところで、ビールの商標で知られる「麒麟」は性情が温和で生きたものを殺さず、生きた草さえも踏まないという慈悲深い聖獣とされますが、孔子が生まれる前に麒麟が孔子の里に現われ、文字の刻まれた玉書を吐き出し、「聖人」の誕生を告げたというのです。

はたして、哀公14（前481）年、魯の重臣である叔孫氏に仕える御者・鉏商が、それまで見たことがない気味の悪い獣を捕らえて殺したことがありました。

じつは、この動物こそ、麒麟だったのです。

孔子は、この死んだ麒麟を見て、この世の中もお終いだと言って、魯の歴史を書き記していた『春秋』の筆を擱いたと伝えられています。

ここがポイント

　孔子のような聖人と言われる人でも、イヤな世の中……と弱音を吐く時もあったでしょう。標題の言葉は『論語』の中でも、孔子がついた大きな溜息のひとつです。

礼譲を以て国を為むること能わずんば、礼を如何せん。

子曰く、能く礼譲を以て国を為めんか、何か有らん。礼譲を以て国を為むること能わずんば、礼を如何せん。

子曰、能以礼譲為国乎、何有。不能以礼譲為国、如礼何。

（里仁篇）

訳

孔子が言う。礼儀正しく、譲り合う気持ちで国を治めるとしたら、なんの難しいことがあるだろうか。礼儀や謙譲ということで国を治めることができないとしたら、制度がいくら整っていたって国がうまく治まるはずがないではないか。

儒家によれば、中国という国は伏羲から神農、神農から黄帝、黄帝から堯—舜—禹—湯—文王—武王—周公旦、そして孔子へと受け継がれてきたと考えられました。

伏羲は人々に狩猟と牧畜を教えた帝王です。神農は山に分け入ってあらゆる草を食べ毒と薬を分類したとして漢方薬の神様としても祭られますが、農耕を教えた帝王です。黄帝は音楽を教えました。これは、オーケストラのような音楽にたとえて、皆が協力して生活することを説いたものです。この三人の帝王があってはじめて中国は文明の世界に入っていくことになるのです。

堯から禹までの三代の帝王は、「禅譲」を行ったとされます。

堯にしても舜にしても、嫡男があって、彼らに国を譲ろうとすればできたのですが、息子に任せてしまえば中国はバラバラの状態になると悟るのです。

堯は舜という臣下に国を譲りました。同じく舜は禹に国を譲ります。譲られなかった息子たちも反乱を起こしたりしませんでした。

このように、臣下であっても、それがその時に必要な人物があれば彼に国を譲ることを「禅譲」というのです。理想と言えばそれまでですが、こうした理想が孔子の思想の根幹を創っていたのです。

吾が道は一以て之を貫く。

子曰く、参や、吾が道は一以て之を貫くと。曽子曰く、唯と。子出づ。門人問いて曰く、何の謂ぞやと。曽子曰く、夫子の道は、忠恕のみ、と。

子曰、参乎、吾道一以貫之。曽子曰、唯。子出。門人問曰、何謂也。曽子曰、夫子之道、忠恕而已矣。（里仁篇）

訳

孔子が言う。「参よ、私が説き行う道は一貫した原理があるのだよ」

曽子はすぐに「はい」と答えた。孔子が席を立つと門人が訊ねた。「どういう意味ですか」

曽子が言った。「先生が説かれる道は、忠恕だけですよ」

140

古代の中国は、堯—舜—禹という帝王によって継承されて来たと先に述べました。

　彼らはそれぞれ、国を譲るときに言葉を遺しています。堯は舜に対して「中を執れ」という。同じように舜は禹に「恭しく中を執れ」と伝えました。

　この「中」はさまざまな意味に解釈されます。人々が欲していることに対して「的中」するように政治を行いなさい、というのがひとつです。

　それからもうひとつ、人々に対して「忠」でありなさい、すなわち、真心をもって人々に政治をするようにと伝えたという解釈です。

　三つ目は「中」を「中庸」であるとする解釈で、これなら「過不足がないこと」を意味します。簡単に言えば「やりすぎてもダメ、やらなすぎてもダメ」ということです。

　それでは孔子が考えていた「忠恕」とは何なのでしょうか。「忠」は「正しさ」です。そして「恕」とは「ゆるす」こと。「如」という字は「相手」を意味する「汝」と同じ言葉で、それに「心」がくっつくことで、「相手のことを自分と同じように考える」という意味の漢字になります。

ここがポイント

　『論語』の中で孔子は言います。「其れ恕か、己の欲せざるところは、人に施すことなかれ」と。

　孔子の「一貫した考え方」は西洋の哲学のような「分析する」というところにはありません。すべてを肯定して取り込んでいく哲学なのです。

夫子の性と天道とを言うは、
得て聞く可^べからざるなり。

子貢曰^{しこういわ}く、夫子^{ふうし}の文章は、得て
聞く可きなり。夫子の性と天道
とを言うは、得て聞く可からざ
るなり。

子貢曰、夫子之文章、可得
而聞也。夫子之言性与天道、
不可得而聞也。

（公冶長篇）

訳

　子貢が言う。「夫子が人の徳や礼楽についてはいつ
も見たり聞いたりすることができた。しかし人間とは
何かということについて論じたり、天道について語ら
れたことを聞いたことがない」

子貢は、弁舌に優れ、衛や魯の国でその外交手腕を発揮した人物です。

　司馬遷の『史記』には商才にも恵まれ、孔子門下で最も裕福な人物だったと記されています。

　しかし、彼は決してその才能をひけらかしたりはしませんでした。

　孔子が亡くなった時、他の弟子たちは慣例にしたがって三年の喪に服したのに対し、子貢だけは六年も喪に服してその哀悼と追慕の念をあらわしたのです。

　孔子の偉業が後世に伝えられたのも子貢があったからだとも言われています。

　さて、孔子は「怪力乱心」を語らなかったとも『論語』の中には述べられています。

　「怪力乱心」とは、怪談、武勇伝、乱倫、背徳のことで、今なら週刊紙の記事になるようなことでしょう。

　そして、ここでは、孔子は、人間の本性や「天道」という宇宙の原理原則のことについても語らなかったと子貢は言っています。

　孔子は常に具体的なことだけにしか触れません。

ここがポイント

　孔子は「文や章」が乱れはじめる時代に生まれました。

　「文」とは道徳であり、「章」とは秩序のことです。国家社会の秩序が目に見えて崩れていく時代に、孔子は、人間とは何かとか、天の意志は何かということなどを論じている暇はなかったのです。

鳥の話が分かる弟子・公冶長

　衛から魯に帰る途中、公冶長は、国境の谷川で、鳥が「死んだ人の肉があるから食べよう」と話をしているのを聞きました。

　しばらく行くと、老婆が泣いているのに出会いました。どうして泣いているのかと聞くと、息子が帰ってこないので、死んでしまったのではないかと思っているというのです。

　もしかしたら、それは鳥が食べようと話していた人かもしれないと、老婆に教えると、はたしてその人だったのです。

　ところが、老婆は、公冶長が息子を殺したに違いないと思い、これを役人に告げます。すると、公冶長は殺人の罪で捕らえられ、牢獄に入れられるのです。

　60日経ったある日、公冶長は、今度は、スズメが、谷川で男を殺した人の話をしているのを聞きます。

　そこで、それを役人に言って役人が調べてみると、その通りだったのです。公冶長は、鳥の言葉だけでなく、イノシシの言葉も分かると言って、役人を驚かせ、釈放されたのでした。

　この話は、皇侃の『論語義疏』に書かれています。ただ、この話が出ている本は雑書（雑多なことが書いてある本）で、信用できない、と付け加えています。

◆ 第4章 ◆
『論語』のその後

『論語』の研究史

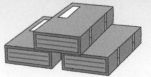

　紀元前479年、弟子たちに囲まれて亡くなった孔子は、死後、時間を経るごとに、社会に対して大きな影響を及ぼすことになってゆきます。

　それには、もちろん、はじめに、孔子の弟子たちの影響を考えなければなりません。

　生前の孔子を知っている弟子ではなく、とくに数世代を経た弟子たちが、孔子の学説を時代に合わせて解釈し、広めてゆくのです。

●● 孟子の性善説 ●●

　まず、孔子の孫、子思の学統を継いで、人の性質は「善」なのだと主張し、仁政を行っていけばそれが世界に広がってゆくと主張した孟子（前372?〜前289）について触れておきましょう。

　孟子が生きた時代は、戦国時代です。
各国が富国強兵をスローガンにしのぎを削り、周王朝亡き後に、天下を取るための争いが全国で起きていました。

　孔子が生きていた春秋時代まであった小国は、次々と大国に呑みこまれ、次第に、西北では秦が、南方では楚が、東には斉がというふうに覇権の勢力図が見えてくると、生き残った

国々は打開策を求めて、兵家や策略に長けた人たちを食客として雇い始めます。

　孟子も、ある意味、そうした策略家のひとりだったと言って過言ではないでしょう。

　しかし、孟子は、ひじょうに時間のかかる迂遠な思想で、戦略をしかけましょうと、王たちに提案するのです。

　「仁政」こそ、最善で最大の効力を発揮する戦略だと孟子は言います。

　たとえば、小国・梁の恵王に対して、孟子は次のような具体策を教えます。

　刑罰を簡素にすること、税を軽くすること、農家の人にはゆっくり耕作させること、若者には時間をやって親孝行、兄弟との良い関係、真心を尽くすことの大切さ、真実を言うことの正しさを教えること。

　こうしたことをしっかりやっていけば、秦や楚の攻撃にも決して負けない立派な国ができるでしょうし、他の国からも人々が移住してきて国力も上がるでしょうと言うのです。

　これは孔子が説く理想論とまったく同じです。

　梁の恵王は、孟子の言うこの正しさは理解できますが、時代には合わない、そんなことをやっているうちに敵に攻められるだろうとして、孟子の政策に耳を傾けようとはしません。

　ただ、孟子の「性善説」と「感化」という思想は、後世の中国に大きな影響を与えることになります。

　まず、性善説から説明しましょう。

個人的に見れば、「人」として「人のためになりたい」と思わない人はないと孟子は言います。

たとえば、溺れる子どもがあったとすれば、その子どもを助けようとしない人はないだろうと言うのです。

こうした気持ちを、孟子は「惻隠の心」と呼びますが、この心を育て、成長させていくことが学問であり、孔子が説いた「仁」の思想を深く学ぶことができるといいます。

そして、その惻隠の心は、天が我々に付与したものだというのです。

はたして、もし君主が、惻隠の心で仁政を布けば、それを慕って、文化の程度の低い国々からもたくさんの人々がやってきて、世界に影響を与えることができるというのです。

「中国」という言い方が「世界の中心」を意味するということを皆さんはご存知だと思いますが、「世界の中心」であるためには、他国より文化の程度が高く、また他国に対してその精神性の高さを示すことのできる国であることを感じさせる威厳があることが必要です。

じつは、こうした考えは、孔子から孟子へと伝えられ、中国が「中国」であることの絶対の立脚点として根づいたものだったのです。

●● 荀子の教え ●●

ところで、孟子の「性善説」とはまったく反対の「性悪説」を唱えた思想家に荀子（前313?～前238）（当時は孫卿子と呼

150

ばれていました）があります。

荀子は、孔子の弟子・子夏の学統を汲んだ人だと伝えられます。子夏は、学問に専心し、孔子からも学問に優れた人物だと高い評価を受け、『易』『書』『詩』『礼』『楽』の五経を後世に伝承した人だとされています。

『荀子』という本を読むと、荀子がいかに能力も高く、頭脳明晰であったかも伺えるのですが、同時によく『書』や『詩』という孔子が編纂したという書物を引用して、自説を補強しています。

さて、性悪説は、荀子の徹底した人間観察から現れた思想で、まさに利己主義こそ人間の本質だということに立脚しています。

欲望を満たすことに邁進する人間の社会は、そのまま放置すれば混乱して窮乏することは明らかだと荀子は言います。

だからこそ、君子は、学問を修めて、この混乱を統治する仕組みを作らなければならない、それが、孔子の説く「礼」だと荀子は主張するのです。

今の言葉で分かりやすく言えば、荀子の言う「礼」は、身分的な差別です。

「分相応」という言葉は、すでに孔子が言っていることですが、さらに徹底した身分制度を設けることで社会を安定させることができると荀子は考えたのでした。

そして、この考えが、荀子の弟子である韓非子によってさら

に発展し、「法」を産み出すことになるのです。

すでに子産（生年不詳〜前522）によって中国では最初の成文法が制定されたと言われますが、韓非子は細部にまでこだわった法を定め、法による国家の安定を図るべきだと主張したのです。

ただ、韓非子による「法治」の思想は、孔子の儒学と、老子の考えである道家を両方合わせて出てきたもので、必ずしも儒家・荀子の考えだけから現れたものではありません。

しかし、この荀子の弟子である韓非子の法治思想が、秦の始皇帝の天下統一を成功させる原動力になるのです。

●● 焚書坑儒 ●●

さて、孔子が説く儒家の考え方と老子が説く道家の考え方の違いについて、少し触れておきたいと思います。

道家は、別の言い方で「老荘思想」などとも呼ばれますが、孔子と同時代に生きた老子、それから孟子と同時代の荘子（前369〜前286）によって発展した「無為自然」をテーマとした思想です。

司馬遷の『史記』によれば、孔子は礼を習うために、周の図書館に勤めていた老子に会いに行ったということが書かれています。

老子は、孔子に「君子は、時流に合わないのであれば隠棲すべきだ」だと一喝して、西方に旅立ちます。その折、国境の関所にいた尹喜に頼まれて『道徳経』という本を書いたと言われ

ます。

　この本には、「愚民化」ということが記されています。

老子の政治的理想は「小国寡民」と表現されますが、これは、

人口の少ない村に人を住まわせて、隣の村との交流もさせない

ようにするというのです。

　また、荘子には、人は木のようなものだと記されています。

　もし、杉の木のように真っ直ぐに育つと、材木として使われ

るために、いつか切られてしまうだろう。しかし、グネグネと

曲がった木であれば、切られることなく寿命を全うすることが

できる。

　ここで言われている杉の木は儒家のことで、グネグネと曲が

る木とは道家のことを指しています。

　このように、老荘思想は孔子や孟子などの思想とは異質の思

想です。官僚を育てるためには儒家の思想は必要ですが、民衆

に対しては可能な限り愚民化して天寿を全うさせることだけを

目的として生活させるようになれば国は治まると、「法治」を

旨とする韓非子は考えて自身の思想を作り上げたのでした。

　さて、秦の始皇帝が、天下を統一するのは、紀元前221年で

す。始皇帝は、絶対的中央集権を目指して、度量衡と文字の

統一を行います。そして、思想的統制として、「焚書坑儒」を

行うのです。医学、占い、農業以外の書籍を所蔵することを禁

じ、儒教の経典や諸子百家の書物を焼き、始皇帝を非難した

儒者など460名を生きながら穴埋めにして殺したのでした。

この事件によって、しばらくの間、孔子の教えを記した儒家の書物はなくなってしまうのです。

●● 今文派と古文派 ●●

　秦が滅び、劉邦によって漢王朝が樹立されたのは、紀元前206年のことでした。

　それから約100年後の前漢の中頃（紀元前100年）、孔子は、どういう人だったのかという議論が起こり始めました。

　分かりやすく言うと、孔子は、はたして革命を起こそうとして起こせなかった人であったのか、それとも文献学者であったのかというような議論です。

　紀元前100年というのは、武帝や董仲舒、司馬遷などといった人たちがいた時代なのですが、ちょうど儒学を国教化するかどうかという議論が起きる時期に差し掛かっています。

　この議論の発端になったのが、孔子が編纂したと言われる古代の歴史書である『尚書』でした。

　『尚書』は、孔子が編纂したとされる古代中国の歴史書です。

　もちろん、今も『尚書』あるいは『書経』という名前で伝わっていますが、現在我々が読むことのできる『尚書』は、孔子が編纂したもの、そのものではありません。『尚書』は、秦の始皇帝の時に行われた焚書坑儒で失われました。

　そして、漢代になってまもなく、『尚書』を暗記していた伏生という人物が現れ、これを記録し『尚書』が作られます。

ところが、この伏生は、呂律が回らない魯（現在の山東省）の訛りの強い人で、何を言っているのか分からなかったので、娘を通じて伝えられたというのです。

はたして、それから数十年を経て、前漢景帝（在位前157〜前141）の時、魯の恭王が孔子の旧宅を壊した時に、なんと古代の文字、蝌蚪文字と呼ばれる字体で書かれた『尚書』が見つかったのです。

しかし、だれも文字を読み取ることができません。

そこに現れたのが、孔子から10世の子孫である孔安国（前156〜前74）です。

孔安国も、伏生に付いて『尚書』を学んでいましたが、蝌蚪文字で書かれた『尚書』を読み解き、今文の『尚書』より16篇多いものであることを知り、これを『古文尚書』として伝えたのです。

さて、孔子は、もし、時運が孔子に味方していれば、周王朝を復興するかあるいは新しい王朝を創るようなことがあったのではないかと考えられました。こうした考え方をするのが、儒家のなかでも今文に依拠する「今文派」と呼ばれる人たちです。

今文派の人たちは、孔子を「王となるべくして、為れなかった人」という意味で「素王」と呼びます。

これに対して、孔子には、もとよりそういう意図はなかった。「述べて作らず（私は古代の聖王の教えを祖述するだけで、新しいものを作ろうとするものではない）」（『論語』述而篇）と

いう言葉にも明らかなように、古代の文献を整理して、次代にそれを繋げようとしたというものです。

　孔子をこうしたいわゆる文献学者として捉えるような人たちを「古文派」と呼びます。

　これら今文派と古文派は、儒教経典の解釈に異なった意見を出してゆきますが、やがて後漢が終わる頃に現れた鄭玄（127〜200）によってほぼ折衷されてしまうことになります。

　つまり約300年の間、今文派と古文派によって孔子をどのような人物として捉えるべきかという議論がなされたのでした。

　ただ、『尚書』は、今文も古文もいつしか失われてしまいます。西晋が滅んだ永嘉の乱が原因だとも言われますが、はっきりしたことはまったく分かりません。

　そして、三国時代から東晋に掛けて偽物が作られるのです。

　これは、「偽孔伝」と呼ばれますが、学者によって様々な説があり、だれがいつ、どういう目的でこうした偽書を作ったのかはまだ明らかにはなっていません。

　とはいえ、『尚書』と言えばこの「偽孔伝」しかありませんから、ずっとこれが読まれるようになりますが、「偽孔伝」は、孔安国が蝌蚪文字を隷書に直したとされる古い字体で書いてあったということに似せて、そうした字体で書いてありました。

　ところが、こうした字体を嫌った唐の玄宗皇帝は、臣下・衛包に命じてこれを全部、ふつうの字体に直させたのです。

　以来、中国では古い字体で書かれた『尚書』はなくなってしまいます。

●●『尚書』の「秦誓」篇 ●●

　このようにして、『尚書』は、まったく古代の面目を失ってしまうことになるのですが、おもしろいのは、『尚書』の最後に「秦誓」という一篇が載せられていることです。

　これは、周王朝第十二代の幽王（在位：前781〜前771）の時代に起こった事件以降のことを書いたものです。

　幽王は申という国から迎えた皇后がいたのですが、捨て子の女の子・褒姒を見初めて後宮に入れ、皇后を廃してしまいます。

　褒姒は笑ったことがないという女性だったのですが、幽王がある日、彼女を笑わせることに成功します。

　それは、緊急事態を知らせる烽火を上げ太鼓を打ち鳴らして、諸侯を集めると、何事もなかったことに皆が右往左往するという現場を見た時でした。

　幽王は、再び褒姒を笑わせようとおなじ事を繰り返します。

　ところが、皇后を廃された申国の王は、蛮族である犬戎と連合して、幽王を攻めようとするのです。

　連合軍が周の首都である豊鎬（「鎬京」とも言います）に攻め入った時、烽火を上げ太鼓を打ち鳴らしても、誰もそれが本当の緊急事態だと思わず、まもなく幽王は殺されてしまうのです。はたして、幽王の父である宣王の子・携王が即位しますが、これに反対する臣下は幽王の子である平王を即位させて対立します。そして、平王側はこの戦いに勝つと都を、豊鎬より東の洛邑に移してしまいます。

この後、豊鎬を占領した西の新興国・秦が、さらに東征して失敗し、その復讐を誓うという「秦誓」篇が置かれています。

　「秦誓」を孔子が『尚書』を編集した時に故意に置いたのだとすれば、孔子には、周王朝を倒して秦が天下を統一する未来が、あらかじめ分かっていたのではないかと考える人たちもいたということなのです。

　これが、今文派の考え方のもとになっています。孔子は、予言ができた人で、どの国が天下を統一することができるかも分かっていたし、もし時流が孔子に味方していれば、孔子こそ、王として天下に君臨したに違いなかったというのです。

　しかし、『尚書』の伝播の歴史を知っていれば、現在の『尚書』は偽書ですから、こんな話は信じられるものではないのですが。

　ただ、儒教が国教化される際には、孔子のこうした不思議な力のようなものが過大評価されたことは確かです。

　このような、まことしやかな予言などを書いた書物は、聖人が伝えた「経書」に対して「緯書」と呼ばれ、漢代に盛んに行われたのでした。

●●『論語』の注釈書 ●●

　『論語』は、前漢時代、3種類があったと『漢書』芸文志には記されています。

　孔子の故国である魯に伝わった『魯論語』、魯の隣国・斉に伝わった『斉論語』、そして孔子の旧宅を壊した時に現れ、孔安国が伝えた『古論語』です。

　この三つのうち、どれがどのようになって現在の『論語』になったのかは、まったく分かっていませんが、後漢になると馬融（79〜166）が『論語』に注釈を付けたと言われています。

　また、馬融の弟子・鄭玄（127〜200）は、太学（当時の国立大学）で『易』『公羊春秋』『周官』『礼記』『左氏春秋』『韓詩』『古文尚書』を学んでいますが、こうした多岐にわたる経書の字義などを使いながら、「鄭注」と呼ばれる『論語』の注釈書を作っています。

　この鄭注は、以後、唐代まで盛んに読まれますが、宋代以降になるとまったく読まれなくなり、書物自体が失われてしまうことになるのです。

　ところで、鄭玄は偉大な学者だったのですが、三国時代・魏の王粛（195〜256）は、鄭玄の説を廃して、独自の注を作ったと言われます。王粛注も現在はすでに失われてしまいまいたが、魏の何晏（生年不詳〜249）は、孔安国、馬融、包咸、鄭玄、王粛、周生烈など漢から魏までの八人の注釈を合わせて『論語集解』という本を作ります。これは、我が国でも奈良時代か

ら室町時代まで広く読まれていました。

　ところで、我が国にだけ残って、中国では亡逸した『論語』の重要な注釈書があります。

　梁の皇侃が書いた『論語義疏』というものです。

　梁（502 ～ 557）は、中国、南北朝の時代の南朝にあった国で、この国は、我が国に大きな影響を与えました。

　梁の高祖・武帝は、厚く仏教を信じた人で、よく仏教と儒教を融合した文化を形成させて行きます。

　皇侃の『論語義疏』の「義疏」とは、まさに仏教の経典を解釈するための問答形式の注釈をいうものです。

　たとえば、『論語』が、仏教では「倫珠経」と呼ばれるのは何故かという問いを出し、皇侃は次のように答えています。

　「鄭玄が『論語』を使えば世務を経綸する、つまり国家における努めを間違いなくできるから『論語』を「倫語」と呼ぶようになった。そして、『論語』の教えは円転極まりなく車輪のようであるから「輪語」とも呼ばれ、さらに「円珠」である玉は、上下四方を隈無く照らすものであるからこのように呼ぶのである」

　儒教だけでは固い教えも、仏教と交わることによってより自由な解釈ができます。また中国・揚子江流域にあった梁は、日本の風土にもよく似てとても穏やかで豊かな土地でした。『論語義疏』が儒教の面で基本にしたのが、先に触れた何晏の『論語集解』であったことも、偏らない解釈という点からも、ひじょうに日本の文化に合うものだったのです。

●● 宋代の『論語』 ●●

　隋・唐(ずい・とう)(589〜907)の時代、『論語』の研究が行われなかったわけではありませんが、鄭玄による「鄭注」と皇侃の『論語義疏』が平行して読まれていました。

　ところが、960年、趙匡胤(ちょうきょういん)によって宋という王朝が建てられると、それまでの中国の学問は一変してしまいます。

　というのは、唐代まで学問を継承して来たのが貴族であったのに対し、唐末五代を経るまでに貴族はまったくいなくなり、代わって士大夫(したいふ)と呼ばれる頭脳明晰(めいせき)な人たちによって政治が行われるようになるからなのです。

　家学を継承することこそが、貴族が貴族であることを証明することであったのが、士大夫の時代になると、学問は理解すること、そしてその理解を実生活または政治の世界で生かすことが重要になってきます。

　のみならず、宋代になると、技術革新が行われ、それまで写本しかなかったところに印刷が始まることになるのです。

　写本と印刷の文化の大きな違いは、写本には同一のものがないのに対して、印刷物は同一のものを一気に複数作れることでしょう。

　全く同一のテキストを、同時に、複数の人が読むことなど、印刷技術が発達するまではあり得ないことだったのです。

　はたして、印刷は出版業というそれまでにはなかった職業を作り、さらに印刷された書籍を使って教育をする「塾」が発達

することになるのです。

　塾で教えた学生が、科挙（かきょ）に合格し、政府高官になることができれば、塾の評判はよくなりますし、同じ塾から優秀な人材が輩出（はいしゅつ）されることになれば、彼らは政府で党派を作り、勢力を広げて行くことにもなります。

　「塾」あるいは「書院」と呼ばれるものが、宋代以降多数作られることになりますが、その中でもとくに有名だったのが朱子（しゅし）（1130～1200）の白鹿洞書院（はくろくどう）だったのです。

　白鹿洞書院は、もともと唐代の政治家・李渤（りぼつ）（772～831）が建てたものでしたが、朱子はこれを再興し、学問の中心としたのです。

　朱子は『論語』に注釈を加え、『論語集註（しゅうちゅう）』という書を作ります。

　これは何晏（かあん）の『論語集解』を古注と呼ぶのに対し、新注と呼ばれますが、北宋の哲学者・周敦頤（しゅうとんい）、程明道（ていめいどう）、程伊川（ていいせん）、張載（ちょうさい）などの注を集めて、「理」と「気」という新しい哲学的概念を用いて分かりやすく『論語』を解釈したものです。

　「理」とは宇宙を貫く法則、「気」とは物を形作る物質です。たとえば、人の「心」は「理」によって作られているために、聖人・孔子の意志も理解することができるのですが、私欲などの「気」によって、それを明確に認識することができなくなります。

　学問をするというのは、私欲などネガティブな心の動きを抑え、反対に「理」を受け入れる器を大きくすることだと、朱子

は教えるのです。

朱子学の専門家に言わせれば、さらに細かい「理」や「気」の哲学的解釈、定義などがあると言われるかもしれませんが、朱子がいう「理」と「気」は、必ずしも西洋の哲学者が術語を定義するように明確なものではありません。

だからこそ、明代になって現れる思想家・王陽明は、物にはすべて「理」があるという朱子の考えを知るために、庭に生えている竹の「理」を窮めるとして7日7晩、竹の前に座り続け、ついに何を得ることもなく倒れたと言われます。

●● 王陽明の『論語』と清朝の学問 ●●

さて、明代の思想家・王陽明（1472〜1529）は、朱子の学問を、書物の学に過ぎないと批判し、実践によってのみ心に理を求め体感することができるとした「陽明学」を樹立します。

王陽明によれば、天地に通じる「理」は、自分の心の判断力（良知）があってこそ理解できるとして「心即理（心こそが理である）」「致良知（良知を発揮すべし）」を唱え、さらに「知」と「行」を切り離して考えるべきではないとして「知行合一」の説を説きました。

はたして、王陽明に言わせると、自己の心に理を求め、良知を致すことはすべての人にできることだとして「万街の人、すべて聖人」と言い、学問の大切さを人々に説いたのでした。

王陽明の学問「陽明学」は、我が国にも伝わります。

江戸時代の中江藤樹（1608〜1648）、熊沢蕃山（1619〜

1691)、大塩平八郎（1793 〜 1837）、吉田松陰 (1830 〜 1859)
などは陽明学を信奉したと言われます。

　日本における儒学については、また後に記したいと思います。

　ところで、明に続く清朝は、満洲族が樹立した王朝でした。
　中国の文化は、孔子も含め、漢族が培ってきたものという誇
りが、漢族にはありました。しかし、武力という点で勝った満
洲族が、明王朝を滅ぼし、清という王朝を建てたのです。
　そして、満洲族の皇帝や官僚は、漢族には主要な政治的立場
を与えず、文化への貢献を強いたのでした。
　清朝初期、第４代皇帝・康熙帝は、古代から作られて来た漢
字、すべてを集めて巨大な字書『康熙字典』を作らせました。
　第５代皇帝・雍正帝は、１万巻に及ぶ百科事典『古今図書集
成』を編纂します（じつはこれは陳夢雷がひとりで編纂したも
のを雍正帝が掠奪し、臣下の蒋廷錫に再編させたものです）。
　また第６代皇帝・乾隆帝は、中国全土にある書物を網羅し
ていつでも閲覧できるような『四庫全書』と呼ばれる一大叢書
を編纂します。

　はたして、こうした字書、百科事典、図書の充実によって、
清朝の学者は、「考証学」という学問を確立させるのです。

　これは、たとえば『論語』であれば、可能な限り孔子の言動
を復元することを求めて、『論語』に使われる漢字を、他の書
籍に使われた場合と比較したり、また他の書物には同じ『論語』
の文章がどのように引用されているかなどについて研究をした

のです。

　考証学と呼ばれる方法によって書かれた『論語』の注釈書のうち、もっとも優れているのは劉宝楠（りゅうほうなん）（1791 ～ 1855）の『論語正義』だと言われています。

　朱子や王陽明などが行った形而上学的な儒学研究も、清朝時代に行われなかったわけではありませんが、実証的な学問と相まって、孔子の真意を問おうとする文献学的研究が盛んに行われたのでした。

　ただ、清朝考証学には限界がありました。

　それは、文献の上で、宋代以前に遡ることができなかったということです。

　この文献学上の限界を越えるためには、日本に残る遣唐使（けんとうし）でもたらされた唐以前の書物、敦煌（とんこう）、楼蘭（ろうらん）などから発掘された漢代にまで遡ることができる竹簡（ちっかん）や木簡（もっかん）、さらに近時続々発掘される先秦（せんしん）時代の竹簡木簡、また殷（いん）代の甲骨（こうこつ）文字などが必要だったのです。

　今後、コンピューターを使った解析で、さらに孔子が生きた時代がどのようなものであったか、当時の言語がどのようなものであったかなど明らかになっていくのではないかと考えます。

孔子と女性

　孔子には鯉という子どもがいました。結婚して産まれた子どもなのですが、孔子は、奥さんと離婚したと『礼記』には記されています。

　また、孔子が故国・魯を去ったのは、斉の王が美女80人と楽団を送ってきたのを、魯の王・定公と臣下が喜び、享楽に浸ったからでした。

　この時、孔子は、次のように言ったと『孔子家語』には記されています。

　彼の婦の口、以て出て走るべし
　彼の婦の謁、以て死し敗るべし
　優なるかな游なるかな、維に以て歳を卒へん

　女性のおしゃべり、逃げるほかはない
　女性のおねだり、これがすべてを滅ぼすのだ
　私はのんびり、一生を送りたい

　孔子は、女性が苦手だったようです。

日本における『論語』の歴史

●●『論語』の伝来 ●●

　『日本書紀』によれば、我が国に『論語』がもたらされたのは応神天皇の16年だったと言われます。百済から来た王仁が『論語』十巻と『千字文』一巻を持って来たというのです。

　これが正確にいつのことかは分かりませんが、ひとつ、少なくとも何年以降かということを知る手だてはあります。

　それは、『千字文』という書物との関係です。

　『千字文』は、南朝・梁の武帝が周興嗣（470〜521）に命じて作らせた漢字を習得するための教科書です。

　周興嗣は、たった一晩で、すべて違った文字で、重複なく、四字句を韻文で二百五十作り上げ、朝には髪が真っ白になっていたと伝えられます。

　つまり、王仁が伝えた『千字文』は、少なくとも西暦500年頃より前には成立していなかったということになります。

　それからもうひとつ、『日本書紀』には『論語』としか書かれていませんが、『千字文』が作られたのと同じ梁の時代に、後に日本でとても重要な役割を果たす『論語』の注釈書が作られます。

　すでに中国の『論語』の歴史で述べましたが、皇侃（488〜

545)の『論語義疏』です。

　皇侃は、また『礼記講疏』という本も著していますが、中国ではすでに唐代に滅んでしまうこの本も、我が国には今なお、国宝として伝わっているものが存在します。

　はたして、こうしたことからしても、おそらく6世紀頃に『論語』は、我が国に伝わったと考えて間違いはないのではないかと思われます。

　ところで、聖徳太子(574 〜 622)は、小野妹子を正使として遣隋使を送り、我が国を中国と同等の独立国家として認めさせようとし、文化のレベルを示すために『十七条憲法』を制定したりしたとして知られています。

　はたして『十七条憲法』を読むと、「和を以て貴しと為す」「礼を以て先と為す」「信は是れ義の本なり」「民を使うに時を以てす」など、『論語』にある言葉が見えるのです。

　聖徳太子の思想は、『論語』に依っていることは明らかでしょう。

●●その後の受容 ●●

　奈良時代から平安時代の初期、都には大学寮が、地方には国学が設けられ、経学（儒教古典の解釈学）が教えられました。『周易』『尚書』『周礼』『礼記』『儀礼』『毛詩』『春秋左氏伝』『論語』『孝経』の九経ですが、『論語』と『孝経』は必修でした。

　学生は、『論語』『孝経』に加えて、他の二経に　通暁すると、

太政官の試験を受け、官位に就くことができたのです。

701年、我が国でも、中国にならって孔子を祭祀することがはじまり、768年には孔子を文宣王と尊称するようになります。これは、玄宗皇帝（在位712～756）が、739年に孔子に文宣王の封号を孔子に与えたことに由来します。

春と秋には、天皇に代わって大学寮を主管する大学頭が孔子を祀る儀式が行われ、平安時代になると、儀式の後には親王以下百官が儒家の経典の講読や議論を行ったと、古代の記録を集めた『政事要略』などには記されています。

しかし、中国・唐のような中央集権体制は我が国には根付きませんでした。

藤原家による摂関政治が行われる900年以降は、儒学を修める明経道と呼ばれた道は衰退し、儒学は、博士家のお家芸程度のものとなってしまうのです。

これは、907年に唐王朝が崩壊するのと軌を一にしたもので、中国で960年に北宋が興り、仏教の禅宗が儒教と融合した形で「理気学」としての儒教が流行すると、我が国、鎌倉時代にそれが輸入され、五山の僧侶たちが盛んにこれを学ぶのです。

円爾弁円（1202～1280）という宋に留学して帰国した鎌倉時代中期の臨済宗の僧がいます。

弁円は、1257年、当時の幕府の執権・北条時頼に、南宋の圭堂が書いた『仏法大明録』を講義していますが、本書は、禅の立場から「理気」二元論によって儒仏道一致の思想を説いた

ものでした。

　これ以降、義堂 周信（1325〜1388）が室町幕府の将軍・足利義満（1358〜1408）に朱子が書いた『中庸章句』と『孟子集註』を進講し、また玄恵法印（生年不詳〜1350）が天皇に朱子学を進講するなどによって、朱子の理学による『論語集註』が広く読まれるようになったのでした。

　古い注釈書が『論語』の字義を主に解釈しているのに対して、朱子の注は、字義のみならず分かりやすく『論語』の文章を解釈していることが、本書が流行したひとつの理由です。

●● 江戸時代の『論語』 ●●

　1603年、徳川家康（1543〜1616）が江戸に幕府を開くと、まもなく林羅山（1583〜1657）を政治顧問として重用することになります。

　羅山は、家康の後を継いだ秀忠、家光、家綱にも仕えます。そして、羅山点と呼ばれる返り点、送り仮名を付けた四書を印刷したのです。

　こうした学問推奨の機運によって、五代将軍綱吉は、儒学を重視し、八年の間になんと240回、公家や大名に四書、『孝経』『論語』等の儒家の経典を講義し、全国の寺院、諸臣に配ります。また、十一代将軍家斉は、幕府の官吏とその子弟、また各藩から推挙された学生を教育するために昌平坂学問所（別に「昌平黌」）を設立します。全盛期には昌平黌には500人以上の学生がいたと言われています。

さて、江戸で学問が盛んに行われると、各藩でも藩校が続々と建てられるようになっていきますが、その嚆矢とされるのが、尾張藩主・徳川義直（1601～1650）が、日本に亡命した明の儒学者、陳玄贇を招いて作った名古屋学問所でした。

1636年には南部藩が文武稽古所を、1641年には岡山藩が花畠学舎をと開かれた藩校は、19世紀中頃までに284校にも及んでいます。

また、学者が個人で私塾を開設していきます。

近江にいた中江藤樹（1608～1648）の藤樹書院、伊藤仁斎(1627～1705)の古義堂などが有名です。

さらに、地方には郷学、寺子屋などが作られ、郷学は全国で108箇所、私塾や寺子屋などは、全国に10540箇所に及んだとされます。

こうした私塾、寺子屋などでも、藩校と同じく、四書五経はもちろん、『小学』『史記』『資治通鑑』『文選』『唐詩選』などが講ぜられました。

●● 徳川家康と『論語』●●……………………………

徳川家康の遺訓というものが残されています。

「人の一生は重荷を負うて遠き道を行くがごとし。急ぐべからず。

不自由を常と思えば不足なし。こころに望みおこらば困窮したる時を思い出すべし。

堪忍は無事長久の基、いかりは敵と思え。

勝つ事ばかり知りて、負くること知らざれば害その身にいたる。

　おのれを責めて人をせむるな。

　及ばざるは過ぎたるよりまされり」

　これは、まさに『論語』に書かれている言葉をそのまま、家康なりに書き下ろしたものと言えるのではないでしょうか。

　ところで、家康は、学問を奨励し、出版事業も行いました。とくに、有名なのは家康の愛読書だった『吾妻鏡』と『群書治要』です。

　『吾妻鏡』は鎌倉幕府の事績を幕府自らが記した編年体の歴史書ですが、過去に起こったことを読むことによって自らの行いに間違いがないようにするというのは、まさに「温故知新」と言ってもいいでしょう。

　また、『群書治要』とは、唐王朝を樹立した李淵の参謀であった魏徴が、治世のために必要な言葉を五経ほか、60種類の書物から抜粋した文章を編纂したものです。

　『群書治要』は、中国では唐代にすでに滅んで我が国にしか残っていません。家康は、林羅山と以心崇伝（1569〜1633）に命じて、日本に残った平安・鎌倉時代に写された本書の開版を命じたのでした。以心崇伝は、江戸幕府の外交や宗教政策を立案した臨済宗の僧侶です。

　家康は、このような出版事業を通して、孔子が弟子たちに学問を奨励したように、学問の必要性を説いたのでした。

●● 渋沢栄一と『論語』 ●●……………

　2024年の新紙幣１万円札の肖像として使われることが決まった渋沢栄一（1840〜1931）が、生涯を掛けて集めた『論語』のコレクションが、東京都立中央図書館にあります。「青淵文庫」といいますが、「青淵」は渋沢栄一の号です。

　渋沢栄一は、日本における「資本主義の父」とも謳われる人で、第一国立銀行、東京瓦斯、王子製紙、帝国ホテル、東京証券取引所、麒麟麦酒、大日本製糖など500を越える会社を設立したほか、商法講習所（現・一橋大学）、大倉商業学校（現・東京経済大学）、日本女子大学、東京女学館などの設立に携わり、さらに東京慈恵会、養育院（現・東京都健康長寿医療センター）などの社会活動なども行っています。

　江戸時代までの日本が、明治の45年という短い時間で、ヨーロッパ列強と肩を並べるほどに成長するのに、渋沢が果たした役割は非常に大きなものでした。

　はたして、こうした事業を次々とやり続けていく渋沢の精神を支えたのは、ひとえに『論語』だったのです。

　渋沢は、毎週日曜日になると、東京帝国大学の中国哲学の専門家・宇野哲人に来てもらって家族全員で『論語』の講義を聞いたといいます。

　また、宮内庁書陵部に所蔵される世界に一部しか残っていない南宋時代、1200年頃に印刷された『論語注疏』という本を渋沢は1930年に複製を作って世界中の著名な図書館に配っ

たりもしています。

　自著として『論語と算盤』や『論語講義』というものも著しています。

　その中で、渋沢は、「道徳経済合一説」を説くのです。

　「道徳」は「人が踏み行うべき正しい道」を表します。

　また「経済」という言葉は、今は、英語の「エコノミー」を訳した言葉として使われますが、もともとは「経世済民」を略したものです。「経世済民」、訓読では「国を経め、民を済う」と読んで、「天下国家を治めて、人々を助け救い導く」という意味を表します。

　渋沢は、『論語』の説く「道徳」と、資本主義による「経済」活動とは同じことなのだとして、近代日本の社会を創ってゆこうとしたのでした。

　「富をなす根源は何かと言えば、仁義道徳。正しい道理の富でなければ、その富は完全に永続することができぬ」と、渋沢は書いています。

　また、自らの仕事については「たとえその事業が微々たるものであろうと、自分の利益は少額であろうと、国家必要の事業を合理的に経営すれば、心は常に楽しんで仕事にあたることができる」と言います。

　さらに「株式会社の根源」については、「事柄に対し如何せば道理にかなうかをまず考え、しかしてその道理にかなったやり方をすれば国家社会の利益となるかを考え、さらにかくすれば自己のためにもなるかと考える。そう考えてみたとき、もし

それが自己のためにはならぬが、道理にもかない、国家社会をも利益するということなら、余は断然自己を捨てて、道理のあるところに従うつもりである」と述べています。

加えて、「社会への恩恵」については、「自分が手にする富が増えれば増えるほど、社会の助力を受けているのだから、その恩恵に報いるため、できるかぎり社会のために助力しなければならない」と言います。

渋沢が赤十字や養育院（現・東京都健康長寿医療センター）の設立に関わったのは、母親の献身的な活動の影響があったからだとも言われますが、『論語』から導き出された、近代的な「奉仕」に渋沢は熱心に力を注いだのでした。

『論語』と聞くと、封建主義的、国家主義的なイメージを抱く方も少なくありませんが、素直な目で読めば、「経世済民（国を治めて人を済う）」ための社会活動に加わる一人の人間としてどのように生きるべきかを考えるヒントをくれる一冊だと言うことができるのではないかと思います。

そうした読み方をして、渋沢は、近代日本の基礎を、生涯を掛けて創り出したのです。

孔子の死

　孔子は、自分の死を予感したと言われています。

　ある日、早起きをした孔子は、片手に杖をつきながら、門の前に出て次のような歌を歌いました。

泰山其れ頽れんか　　　　泰山は崩れてしまいそうだ

梁木其れ壊れんか　　　　家の梁の木も折れてしまいそうだ

哲人其れ萎まんか　　　　哲人も死にそうだ

　「哲人」とは孔子が自分を言ったことばです。

　こうして家に入ると、孔子は戸口をむいて座りました。まもなく、この歌を聞いた弟子の子貢がやって来ます。すると、孔子は次のように言ったのでした。

　「夏の時代は、死者をもなお家の主として扱い、柩を東の段の上に安置した。殷の時代には、死者は主と客の中間として扱い、柩は部屋の柱の間に安置した。周になってからは、死者は客として扱い、柩を西の段の上に安置するようになった。私は殷の血を引く人間だが、昨夜、部屋の柱の間に座って、接待を受ける夢を見たよ」

　そう言うと、そのまま床につき、7日後に亡くなったのです。紀元前479年、4月18日のことでした。

巻末資料

········ 人物略伝 ········

ここでは、孔子の弟子や同時代の人物、孔子が理想
とした人物などでこの本に登場する人物の略伝を、
登場ページと併せて記します。

あ行

哀公 【あいこう】

在位前494〜前468。魯の第27代君主。孔子69歳の時に、定公のあとを継いだ。この時わずか10歳ほど。前487年に呉に攻められるも和解。その後、斉に攻められ敗北。前485年に斉を攻め大勝。前468年、当時魯で絶対的権力をもっていた三桓氏を排除するために武力行使するが、これに負け衛、鄒に逃げる。最後は越にまで流され、前467年にこの地で没した。

→132、133頁

禹 【う】

夏王朝の始祖。名は文命。黄河の治水を行い、舜から位を譲られた。天下を九州に分け、租税制度を定めたという。

→87、139, 141頁

か行

顔淵（顔回） 【がんえん・がんかい】

前521〜前483。名は回、字は子淵。孔子より30歳年下。

→63、83、93、94、104頁

顔路 【がんろ】

前546〜没年不詳。名は無繇。顔回の父。→94頁

堯 【ぎょう】

陶唐王朝の王。儒家の理想とする聖天子。→87、139，141頁

公西華 【こうせいか】

前509〜卒年不詳。名は赤、字は子華。魯の人。孔子が亡くなったときには葬儀の主となるほど、礼法に通じていた。

→123、124頁

公冶長 【こうやちょう】

生没年不詳。字は子長、また子芝。斉あるいは魯の人。鳥の言葉が分かるというので投獄された。孔子は自分の娘を嫁がせた。

→146頁

孔鯉 【こうり】

前532〜前483。孔子とその妻、其官氏との間に生まれた長男。名は鯉、字は伯魚。孔伋の父。孔子20歳の時の子供で、この時、魯の昭公はお祝いに鯉の魚を贈った。それで「鯉」という名前が付けられたとされる。孔子に先だって50歳で亡くなった。

→104、186頁

宰我（宰予）【さいが・さいよ】

前522〜前489、あるいは前458。名は予。字は子我。魯の人。弁論にすぐれていた。斉の臨淄の大夫となり、田常（陳成子）の乱に加わり、一族が皆殺された。→108、132、133頁

子夏 【しか】

前507頃〜前420頃。姓は卜、名は商、字は子夏。衛の人。謹厳実直の人。魏の文公の師となる。孔子が亡くなったときには失明するまで泣き続けた。→106、151頁

子貢 【しこう】

前520頃〜前456頃。姓は端木、名は賜、字は子貢。商才があった。孔子の死後、6年に及んで喪に服した。
→70、72、102、125、126、143、176頁

子産 【しさん】

前585〜前522。鄭の大夫。姓は公孫、名は僑、子美。簡公、定公、献公、声公に仕える。→61、152頁

周公旦 【しゅうこうたん】

姓は姫、名は旦。周の文王の子で武王の弟。武王の子、成王の摂政。魯に封ぜられたが行くことができず、子の伯禽を魯に送った。→19、118、119、139頁

舜 【しゅん】

伝説上の聖天子。堯帝から位を譲られ、虞王朝を創った。
→87、90、91、99、135, 139、141頁

葉公 【しょうこう】

生没年不詳。姓は沈、名は諸梁、字は子高。
楚の人。白公勝の乱を鎮圧して司馬となる。→99頁

子路 【しろ】

前542〜前480。姓は仲、名は由、字は子路（また季路）。魯
の卞の人。孔子より9歳下で、孔子の門人の中では最も年上で
あった。衛の国の蒲の宰（県令）となったがここで起こった反
乱で亡くなり、死体は塩漬けにされ孔子のところに送られた。
→110、111, 123、124頁

冉有 【ぜんゆう】

前522〜前489頃。姓は冉、名は求あるいは有、字は子有。魯
の人。孔子より29歳若い。季氏の宰になる。→123、124頁

曽子（曽参）【そうし・そうしん】

前505〜前435。姓は曽、名は参、字は子輿。魯の武城の人。
孔子より46歳若い。→128、129, 130、140頁

曽晢 【そうせき】

生没年不詳。曽子の父。名は點（点）。→122、123, 124, 129頁

◆ た行 ◆

紂王 【ちゅうおう】

在位前1075頃～前1046頃。帝辛。殷の第30代帝。「義を残ない、善を損なうを紂と曰ふ」という意味で「紂」と呼ばれる。周の武王に亡ぼされた。→18、126, 127頁

仲弓 【ちゅうきゅう】

前522頃～没年不詳。姓は冉、名は雍、字は仲弓。魯の人。季氏の宰となる。→72、95、96頁

湯王 【とうおう】

生没年不詳。殷の始祖。名は履。夏王朝の桀王を討ち、殷王朝を建てた。→87、139頁

◆ は行 ◆

武王 【ぶおう】

在位前1023頃～前1021頃。周の文王の子。殷の紂王を倒し周王朝を創建した。→18、19、87、139頁

文王 【ぶんのう】

前1152頃～前1056。姓は姫、謚は昌。父季歴、母太任の子。周王朝を創建した武王の父。→87、126、127、135、139頁

呂尚 【りょしょう】

在位前1021頃〜前1000頃。周の軍師（ぐんし）、斉の始祖（せい）。周の文王・武王に仕え、軍師となり殷の紂王を討つ。太公望呂尚（たいこうぼう）とも呼ばれる。→126、127頁

林放 【りんぼう】

生没年不詳。魯の人か。不明。→74頁

老子 【ろうし】

生没年不詳。『史記（しき）』によれば、老子は周の守蔵室の史（し）（書庫の記録係）をしていたとされる。孔子は「礼」を知るために老子に会いにいったが、会見後老子は『老子道徳経（ろうしどうとくきょう）』2巻を残し、西方に去ったと伝えられる。→152、153頁

老彭 【ろうほう】

生没年不詳。殷の賢人と言われる。→65頁

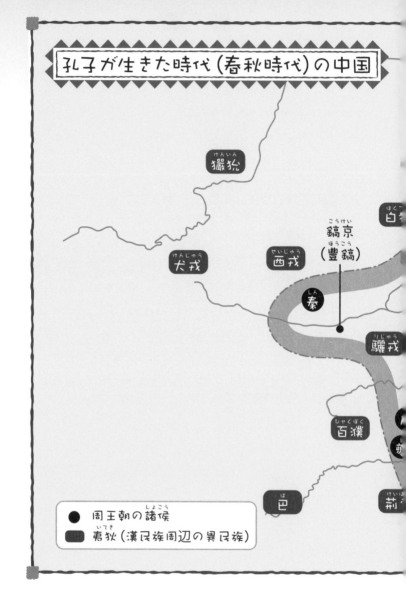

孔子が生きた時代 (春秋時代) の中国

獫狁 (けんいん)

白狄 (はくてき)

鎬京 (こうけい)
(豊鎬) (ほうこう)

犬戎 (けんじゅう)

西戎 (せいじゅう)

秦 (しん)

驪戎 (りじゅう)

百濮 (ひゃくぼく)

巴 (は)

荊 (けい)

● 周王朝の諸侯 (しょこう)

■ 夷狄 (いてき) (漢民族周辺の異民族)

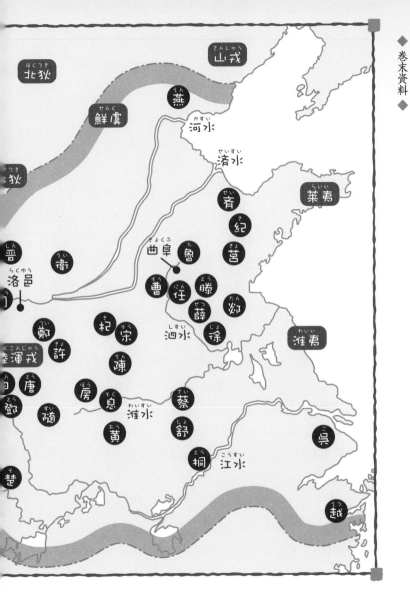

山戎（せんじゅう）
北狄（ほくてき）
燕（えん）
鮮虞（せんぐ）
河水（かすい）
済水（せいすい）
狄（てき）
斉（せい）
莱夷（らいい）
紀（き）
晋（しん）
衛（えい）
曲阜（きょくふ）
莒（きょ）
洛邑（らくゆう）
魯（ろ）
曹（そう）
任（にん）
滕（とう）
郯（たん）
鄭（てい）
杞（き）
宋（そう）
薛（せつ）
徐（じょ）
泗水（しすい）
淮夷（わいい）
渾戎（こんじゅう）
許（きょ）
陳（ちん）
房（ぼう）
息（そく）
蔡（さい）
唐（とう）
鄧（とう）
随（ずい）
淮水（わいすい）
舒（じょ）
黄（おう）
呉（ご）
桐（とう）
江水（こうすい）
楚（そ）
越（えつ）

孔子の子孫

　孔子の子は孔鯉、孔鯉の子は孔伋（子思）、孔伋の子は孔白……というように、孔家は今にいたるまでとだえることなく79代目の孔垂長（1975〜）まで続いています。

　孔子の第72代目は、孔憲培（1756〜1793）という人でしたが、この人は清朝の第6代皇帝・乾隆帝の娘を妻にした人でした。

　この娘は顔に黒い痣がある人で、しかもその痣の位置が、災難を招く貧相であるとされたのでした。しかし、王侯大臣以上の身分の人に嫁ぐとその災難を避けられるというのです。

　その「王侯大臣以上の身分の人」とは、つまり皇帝かそれに相当する人ということになります。はたして、そういう人となれば、孔子の直系の子孫ということになるでしょう。

　乾隆帝は、孔憲培に公主（皇帝の娘をこう呼びます）を嫁がせたのでした。

　御輿入れの時に、嫁入り道具を運ぶのに、なんと3か月かかったといいます。

　ただ、孔憲培と公主の間には、子どもが生まれませんでした。そこで、孔憲培は甥の孔慶鎔を養子としたのでした。

　孔慶鎔は、乾隆帝ともとても親しくなり、また継母である公主にも孝を尽くしたと伝えられます。

······ 孔子略年譜 ······

西暦	干支	周王	魯公	年齢	事項	門人
前551	庚戌	霊王 22	襄公 22	1	9月28日、魯国陬邑昌平郷に生まれる	
549	壬子	23	24	3	父、叔梁紇死す 母、孔子を連れて魯都の曲阜に移る	
542	己未	景王 3		10		子路生まれる（〜前480）
537	甲子	8	昭公 5	15	学問にこころざす（志学）	
535	丙寅	10	7	17	このころ母、顔徴在死す 陽虎に辱められる	
533	戊辰	12	9	19	宋人・亓官氏の娘と結婚	
532	己巳	13	10	20	長男鯉（伯魚）生まれる 委吏となる	
531	庚午	14	11	21	魯の司職の吏（乗田）となる	
525	丙子	20	17	27	郯の国君・郯子が魯に来て、孔子に学ぶ	
523	戊寅	22	19	29	琴を師襄に学ぶ 魯の祭祀に参加する	
522	己卯	23	20	30	人として独り立ちしたと感じる（而立）	宰我生まれる（〜前489？）仲弓生まれる（〜？）冉有生まれる（〜前489？）

巻末資料

西暦	干支	周王	魯公	年齢	事項	門人
前521	庚辰	景王 24	昭公 21	31	斉の景公、晏嬰と魯に来て孔子に政を問う	顔淵生まれる（〜前483）
520	辛巳	25	22	32	景王死し、悼王が立つが殺され、その子の敬王が即位する	子貢生まれる?（〜前456?）
518	癸未	敬王 2	24	34	南宮敬叔と周に行き、礼を老子に問う	
517	甲申	3	25	35	魯が乱れ、南港昭公は斉に亡命　孔子も斉に行く	
516	乙酉	4	26	36	斉の景公、政を孔子に問う	
515	丙戌	5	27	37	孔子、魯に帰る	
514	丁亥	6	28	38	魯の昭公、晋に行って乾侯となる	
512	己丑	8	30	40	惑わなくなる（不惑）	
511	庚寅	9	31	41		
510	辛卯	10	32	42	魯の昭公、晋の乾侯のまま死す	
509	壬辰	11	定公 元	43		公西華生まれる（〜?）
507	甲午	13	3	45		子夏生まれる?（〜前420?）
506	乙未	14	4	46		子游生まれる（〜?）
505	丙申	15	5	47	陽貨孔子に会見しようとする　仏肸、孔子を招く?	曽子生まれる（〜前435）

西暦	干支	周王	魯公	年齢	事項	門人
前502	己亥	敬王 18	定公 8	50	公山不狃、孔子を招く 天命を知る（知命）	
500	辛丑	20	10	52	司空、続いて大司寇となる 斉と魯、夾谷の会盟	
499	壬寅	21	11	53	大司寇として活躍し、魯国大いに治まる	
498	癸卯	22	12	54	孔子、三都を取り壊そうとし、二都は成功	
497	甲辰	23	13	55	斉の作戦で定公と李桓子は女楽に耽る 孔子、失望して門人とともに衛に行く 陳に行き衛に戻る	
496	乙巳	24	14	56		
493	戊申	27	哀公 2	59	衛の霊公に失望し晋に行く途中で食料が尽き衛に戻り、また去って曹から宋に、さらに鄭から陳に行く 宋の司馬桓魋、孔子を殺そうとする	
492	己酉	28	3	60	耳に入る言葉を素直に受け入れられるようになる（耳順）	

西暦	干支	周王	魯公	年齢	事項	門人
前489	壬子	敬王 31	哀公 6	63	呉、陳を攻める 孔子、蔡から負函に行く 途中、陳蔡の間で困窮する 葉に寄り、葉公は政を問う	宰我死す? 冉有死す?
488	癸丑	32	7	64	負函から衛に戻る	
487	甲寅	33	8	65	呉が魯を攻める。門人の有若らの活躍で、呉は大敗	
485	丙辰	35	10	67	このころ孔子の妻死す	
484	丁巳	36	11	68	斉が魯を攻める。門人の冉有らの活躍で、斉を破る 魯の季康子、孔子を衛から呼び戻す。 孔子は政治には関与せず、音楽を正し門人の教育と文献の整理に専念する	
483	戊午	37	12	69	子の鯉、死す このころ孫の孔伋生まれる	顔淵死す
482	己未	38	13	70	こころのままに振舞っても路を踏み外さなくなる（従心）	
480	辛酉	40	15	72		子路死す
479	壬戌	41	16	73	4月18日死す。魯子路の北、泗水のほとりに葬られる。魯の哀公、孔子を「尼父」と呼ぶ。	

◆ **著者プロフィール**

山口謠司（やまぐちようじ）

　1963年長崎県佐世保市生まれ。大東文化大学大学院、フランス国立高等研究院大学院に学ぶ。専門は書誌学、音韻学、文献学。現職、大東文化大学文学部教授。

　近著『日本語を作った男上田万年とその時代』（集英社インターナショナル）で第29回和辻哲郎賞を受賞。『頭の中を「言葉」にしてうまく伝える。』『音読力』『語彙力がないまま社会人になってしまった人へ』、シリーズ累計23万部突破のベストセラー『心とカラダを整えるおとなのための1分音読』シリーズなど著書多数。

[おとなの楽習]刊行に際して

[現代用語の基礎知識]は1948年の創刊以来、一貫して"基礎知識"という課題に取り組んで来ました。時代がいかに目まぐるしくうつろいやすいものだとしても、しっかりと地に根を下ろしたベーシックな知識こそが私たちの身を必ず支えてくれるでしょう。創刊60周年を迎え、これまでご支持いただいた読者の皆様への感謝とともに、新シリーズ[おとなの楽習]をここに創刊いたします。

2008年　陽春
現代用語の基礎知識編集部

おとなの楽習 28
論語のおさらい

2020年7月28日 第1刷発行

著者　　山口謠司（やまぐちようじ）
　　　　©YAMAGUCHI YOJI　PRINTED IN JAPAN 2020
　　　　本書の無断複写複製転載は禁じられています。

発行者　伊藤 滋
発行所　株式会社自由国民社
　　　　東京都豊島区高田3-10-11
　　　　〒　171-0033
　　　　TEL　03-6233-0781 （営業部）
　　　　　　　03-6233-0788 （編集部）
　　　　FAX　03-6233-0791
装幀　　芝 晶子＋西田寧々 （文京図案室）
本文DTP　小塚久美子
印刷　　大日本印刷株式会社
製本　　新風製本株式会社